北/京/师/范/大/学/附/属/中/学　名师笔谈

远行者的目光

——海外学习工作见闻录

刘　沪⊙主　编

北京师范大学出版集团
BEIJING NORMAL UNIVERSITY PUBLISHING GROUP
北京师范大学出版社

图书在版编目(CIP)数据

远行者的目光：海外学习工作见闻录 / 刘沪主编. —北京：北京师范大学出版社，2011.10
ISBN 978-7-303-09484-4

Ⅰ. ①远… Ⅱ. ①刘… Ⅲ. ①中学教育－文集 Ⅳ. ①G63-53

中国版本图书馆CIP数据核字（2011）第 210039 号

营 销 中 心 电 话　010-58802181 58808006
北师大出版社高等教育分社网　http://gaojiao.bnup.com.cn
电 子 信 箱　beishida168@126.com

出版发行：北京师范大学出版社 www.bnup.com.cn
　　　　　北京新街口外大街 19 号
　　　　　邮政编码：100875
印　　刷：北京京师印务有限公司
经　　销：全国新华书店
开　　本：170 mm×230 mm
印　　张：18
字　　数：252 千字
版　　次：2011 年 10 月第 1 版
印　　次：2011 年 10 月第 1 次印刷
定　　价：32.00 元

策划编辑：胡廷兰　　　　　责任编辑：胡廷兰
美术编辑：毛　佳　　　　　装帧设计：毛　佳
责任校对：李　菡　　　　　责任印制：李　啸

北京师范大学附属中学名师笔谈
总　序

　　北京师范大学附属中学是一所享誉海内外的历史名校，她之所以有名，主要是由于下列几个方面的原因。一是北京师大附中是中国政府成立最早的公立中学，也是我国最早的现代中学；二是有先进的教育理念，有北京师范大学教育科学理论的影响和指导；三是有一大批师德高尚、学术造诣深厚、教学艺术精湛的名师；四是有不断继承和发展的校本课程体系；五是学生在这里受到了很好的教育，成人成才，毕业生中涌现出一大批以著名科学家钱学森为代表的杰出人才。历史证明了北京师大附中的教育是成功的。

　　纵观北京师大附中办学成功的各种因素，高水平的师资队伍是关键。建校初期，林琴南、钱玄同、傅种孙等大师在此任教，著名教育家林砺儒曾在此领导办学。新中国成立后，顾明远、钟善基等北京师范大学教授在北京师大附中任教和从事管理工作。先后有17位教师被评为北京市特级教师，中老年教师均是有着丰富教育教学经验的高级教师。近年来，近百位博士、硕士加入到教师队伍中来，40多位教师出国深造归来。北京师大附中的师资队伍保持着雄厚的实力。

　　一代又一代北京师大附中教师继承和发扬学校的优良传统，不仅躬身教书育人，而且倾心钻研业务，深入思考教育问题，不少名师在教学上形成了自己独特的风格，在教育理论上也有自己独到的见解。他们的工作经验和科研成果是我校的宝贵财富。学校一直支持和鼓励老师们著书立说，希望把北京师大附中教育教学的"非物质遗产"凝聚起来，并得以传承。《北京师范大学附属中学名师笔谈》的出版，希望能为广大青年教师提供学习借鉴的材料，为我国的教育园地增添绚丽的花朵。在此衷心感谢为《北京师范大学附属中学名师笔谈》丛书撰稿的名师，感谢他们用辛勤的汗水浇灌了北京师大附中这片沃土。

刘　沪
于北京师范大学附属中学
2010 年 7 月

（刘沪，北京师范大学附属中学校长，北京师范大学研究员）

前　言

　　在北京师范大学附属中学迎接建校 110 周年的日子里，这本由我校几十位老师共同撰写的国外学习工作见闻录出版了。它如实记录了老师们在国外的所见所闻，特别是他们的学习收获。

　　翻开北京师范大学附属中学的历史可以看出，我校很早就形成了教师到国外学习的传统。新中国成立前的 18 位校长中，有 8 人曾留学日本，3 人毕业于美国的大学。那时的教师也有十几人是国外大学的学历。现任中国教育学会会长顾明远先生，新中国成立后到苏联留学，学成回国后来我校工作，曾担任教导处副主任。改革开放后的 20 年里，我校先后有近 50 位教师被派往国外学习、工作，他们都圆满完成了任务，回到工作岗位。现任校长刘沪是 1992 年在北京师范大学工作时被派往美国学习的。20 年来，我校外语教研组已有 20 位老师在英语国家工作学习一年，占全组人数的 2/3；语文老师出国工作的机会也不少，特别是我校承担中国驻美国大使馆阳光学校的汉语教学工作以来，连续 5 年派去的老师都受到好评。此外，数学、物理、化学、生物、体育、信息、历史等学科也都有老师到国外进修。老师们在国外学习、工作的时间一般是一年，也有一年半到两年的；去美国、英国、日本的居多，也有去新加坡、澳大利亚、韩国和东欧国家的。我校还曾派语文老师到菲律宾做汉语教学的督导工作。出国学习、工作的老师们都克服了不少困难，身在国外，心向祖国，回国后马上投入到我校的工作中去。很多老师通过自己的努力，成为新一代的名师。实际上，在一所中学里，有这么多的老师有在国外学习、工作的经历，是不多见的，而这已经成为北京师范大学附属中学的一个优势和亮点。

　　派中学干部教师出国工作学习的意义何在呢？

　　一是学习借鉴国外教育的经验。教育的发展与经济的发展有着密切的关系。西方国家特别是西方发达国家的教育从理论到方法都有不少值得借鉴和参考的地方。新中国成立以后，我国的教育主要受苏联的影响。改革开放以来，我们有更多的机会了解西方国家教育的情况，这对我们教育的改革会有很大的启发和帮助。

二是开阔眼界。古人提倡"读万卷书，行万里路"。当教师，知识要渊博，教学生"一杯水"，自己要有"一桶水"。出国的经历会使老师们增长见识，加深对事物的认识和理解，提高教学水平。特别是外语老师，如果在所教语言的国家生活过，教起书来就会更有底气。

三是促进教育的国际化。要把学生培养成国际化人才，首先要有国际化的教师。教师在异国他乡生活，与外国朋友交往并建立起友谊，会对不同民族的文化有亲身感受，也能够加强外语能力。出国学习、工作过的教师多了，学校的国际化一定会深入发展。

老师们从国外学习、工作归来，对那段在国外"洋插队"式的生活都很有感触。他们不仅学到了专业知识，而且磨炼了自己的意志，加深了对世界的认识。对比国内外的现实，他们既看到了我们伟大祖国的日益强盛，也为不同国家特有的优势所触动，促使他们更加努力工作，立志为我们国家的发展作出贡献。

本书由刘沪校长创意并担任主编，梁原草协调组织，徐兰具体负责稿件征集和整理出版，许建勇、郑一丹、王杏平、温雅、朱静静、李梦、曹浩文等参与了本书的审稿和校对，冯希奇负责图片工作。我们对所有为本书出版作出贡献的人们表示衷心的感谢！

出版《远行者的目光——海外学习工作见闻录》，是期望给出国工作学习过的教师提供一个交流的机会，使他们在国外的见闻与收获能和更多的人一起分享。随着我国教育事业的发展，我相信会有越来越多的教师走出国门，走向世界，我们也期待着大家有更多更精彩的文章面世。

编　者

2011 年 7 月

目　录

旅美见闻录

刘 沪

刘沪，北京师范大学研究员、北京师范大学附属中学校长，1998年到北京师范大学附属中学工作。1992年2月至1993年2月，以北京师范大学访问学者身份在美国研究学习。

20世纪90年代，我在北京师范大学做管理工作。在对外开放的新形势下，北京师范大学领导很重视教师和干部队伍建设，不断派干部、教师到国外学习。1992年，我被派往美国学习一年，在俄亥俄州立莱特大学做访问学者。1993年回国。到美国学习，对于我来说真是一次难得的机会。一来美国是世界最发达的国家，经济实力强，科学技术先进，管理方面有不少地方值得我们借鉴，我在读研究生时学习的专业就是美国高等学校的经营管理，这回可以实地考察；二来美国相对中国在地球的另一面，是与我国距离最远的国家之一，读万卷书，行万里路，可以通过了解美国更好地了解世界。

1992年，对中国来说是很重要的一年，邓小平同志发表了"视察南方讲话"，我国加快了改革开放和建设社会主义市场经济的步伐。我出国前，国内基本上是计划经济，一年后回国，我就感到国家发生了很大变化，市场经济逐步取代了计划经济。在美国的所见所闻，使我能够很快地适应这个变化。今天，虽然离美国归来已经十八九年了，但是回忆起当年的经历和见闻，还是记忆犹新。

在美国大学里的收获

● 学分制

在美国，大学实行学分制，学生达到规定的学分就可以毕业。学生根据自己的志向与兴趣选课。每到学期末，学校的报纸就刊登下个学期的课程广告。校报只有《参考消息》般大小，但厚厚的有几十页，字小得像蚂蚁，刊登的全是课程目录。基本内容是：某课，某教授任教，时间、地点、学分等，和电影院的广告差不多。同一种课，可能好几个老师开，时间不同，风格特点也不一样。课程从早晨八点一直排到晚上九十点，中午也有。

大学的注册处类似银行，有一大溜玻璃窗柜台，工作人员隔着厚玻璃通过麦克风与学生对话。学生选一门课交一门课的钱。如果到开学，登记听某课的学生不到 10 人，该课程就可能不开了，学校有关部门会通知同学另选。开学后，两周之内为试听，不满意、不适合可以退出。基本上是学生的"买方"市场。教师的工资与所教课时数挂钩，如果一个教师的课不受欢迎，可能就没饭吃了。在学期末最后一节课上，学校会进行民意测验，让学生给老师打分，以了解老师的教学效

美国导师 Kleine 指导论文

果。学分制不仅增强了学生学习的选择性，而且激励教师努力工作。

● 教师聘任制与考核

美国的大学定岗定编，先确定有多少岗位，再按岗位聘人。在聘任时确定工资待遇，工资的多少与岗位的重要性和需要程度密切相关。常常有这样奇怪的现象，后来的新人的工资比原来的老人高，这是因为新人大都是急需的重要人才。一些终身教授老在一个地方，工资提高得很慢，正常年份每年提高 2％左右，但比较稳定。美国的大学教师每年也要接受考核，主要看三方面：教学、科研和社会服务。实际上，在大学的系所里，行政人员很少，大部分服务、管理工作是教师、学生兼的。比如，我们这些国外访问学者来了，学校就派教师开着学校的公车去机场迎接，帮助我们租公寓。平时，系里也有不少办班、培训等任务，大家都积极参与。总之，衡量一个教师的优劣，美国和中国的标准差不多，关键看他在工作中的表现和给学校所作出的贡献。

● 教师教育

美国似乎没有专门的师范大学，但是在很多综合性大学里都设有教育学院。学生接受大学本科四年教育后，如果想当老师，再申请上一年教育学院，就可以获得教师资格证。我进修的学院正是教育与人类服务学院。我问我的导师 Kleine，老师的待遇怎么样？她说，大学毕业出去当工程师，年薪可能 35000 美元，当中学老师一般 18000 美元。我说，多学一年，收入又少，为什么还有人上教育学院？她说，不一定是因为收入，大部分学教育的是因为爱教育，爱孩子。她还说，中学老师一天要教 6 节课，只有一个小时自由活动时间，其实还是比较辛苦的。

● 大学的管理

我是来美国学习管理的。除了听课，我还走访了大学的各个部门，看他们是如何管理的。我选学的课是"高等教育的行政管理"，由 Messner 教授主讲。他的课很有特点，一方面他通过很多资料具体介绍高校如何管理。比如，财务方面，如何按学分收学生的学费，如何付给教师课时费，支付行政多少钱，结余多少给系里等。另一方面，他更重视培养管理者的想象力，他经常和我们探讨的是未来的管理。Messner教授强调幻想的力量，他举过很多相关的例子。比如，在一个贫民区六年级的学生中，重点不是看他们的学习成绩，也不是看他们的智商，而是看他们有没有想象力，有想象力将来才有发展。又如，有人被关在集中营里还可以写书，这完全靠的是想象力。总之，他认为，办好一所学校必须有想象力。

出国前，我已经从书面上了解了很多美国高等院校的管理，这次实地考察，弄懂了一些在国内弄不明白的问题。在美国，讲大学的经营管理，往往把捐赠和经费的获得作为第一章，这是因为无论公立还是私立大学，离开办学经费都无法生存。此外，大学的组织源头——董事会（或理事会）的组成，也与经济来源有着密切的关系。大学真正的权力机构是董事会，校长只是董事会任命的首席行政官（CEO）。校长是受董事会委派管理学校的，他不仅要负责整个学校的良性运转，还要时时鼓舞学校不断发展的士气。

在纽约曼哈顿前留影

在美国大学里实行严格的聘任制，因事设岗，按岗聘任，竞争上岗，这使学校保持着相当高的业务水平和活力。水平高、贡献大、资历深的教授也会被聘为终身教授。大学的教授委员会权力很大，特别是在学校业务发展和人员聘任上。然而，事情也不都是十全十美，我所在的这所大学，有一个由三人组成的教授委员会，头儿是一个印度裔的教授，大家对他意见很大，常出现几十个教授联名反对他的事。

　　大学的后勤管理服务部门，实际上是两类人。一类是极少的学校管理者，他们隶属于学校，代表甲方。另一类是来自社会的各种公司，比如饮食公司、建筑公司、物业管理公司、绿化公司，或综合的后勤服务公司。所有的后勤服务，都公开招聘，竞争，选择，签订合同，由中标公司按合同标准和年限来执行服务工作。我走访了饮食部门的经理，他们一般都是来自美国的大的饮食公司，号称不仅在美国的 44 个州开展业务，而且在加拿大、墨西哥都有很大影响。这样大的公司确实很有经验，管理规范，还定期进行民意测验。在他们的食谱里，把汉堡的规格、重量、大小（直径）都规定得清清楚楚。大学里，还会直接引进一些像麦当劳、肯德基那样的快餐，以增加师生的选择性。即使如此，师生们对饮食也会有意见。在合同到期后，学校往往会通过公开招标，换另一家饮食公司。

美国基础教育点滴

● Jim 谈美国教育

　　我有一个美国朋友叫 Jim，他是这所大学的一位青年教师，30 多岁，我们经常在一起聊天。他认为，美国的中小学教育不好，主要是因为美国的文化与中国有很大差别。现在电视广告总是教人买这买那，刺激你一定要得到它。美国的文化是教人从个人的观点看问题。从 1970 年以后，优秀的学生都不愿意当老师，导致了教育质量下降。质量下降后，政府给中小学教育的钱减少，就更没多少人愿意当老师了。Jim 说，电视还有一个很大的负作用，就是使家庭成员很少在一起说话、交流。我告诉他，在中国也出现了类似的问题。

● 参观中小学、幼儿园

　　了解一些美国基础教育的情况也是我到美国学习的任务。导师

与美国朋友 Jim 交谈

Kleine 抽空带我参观了中小学、幼儿园。美国学校的班额都比较小，常见的是十几个孩子在一起上课。孩子看起来比较轻松自由，课堂既活跃又有序。高中实行学分制，走班上课。小学、初中普遍实行按班级授课。一些课本不用学生买，图书馆会统一把教材买来借给学生看，上完课再收回来。我去幼儿园那天是感恩节，孩子们围坐在地上听老师讲感恩节的故事，老师不时与孩子们交流互动。班里有几个孩子特地化了妆，一个男孩子头上戴着插满羽毛的王冠，一个女孩子打扮成村姑，还有几个男孩子化成花脸儿，也有孩子打扮成印第安人的样子。老师发给孩子们每人一张大白纸，自由创意。很多孩子都画了火鸡。幼儿园的教室很大，有图书角、手工角、生活角……墙上挂满了各种挂图，还有布什总统的像。孩子们很轻松愉快，很有礼貌和秩序。他们很高兴地和我合了影。

● 美国校车

听说有这样一个说法：美国是儿童的天堂、青年人的战场、老年人的坟墓。这其实不假。小学生尤为轻松，但上中学后也会逐步紧张起来。在美国，孩子的安全受到了高度重视，绝大多数学校都有校车。

美国的校车接学生上学

全美国的中小学校车都是一个样子：黄色，又宽又大，一般带鼻子，校车英文叫 School Bus，即学校的公共汽车。这种车很特殊，车身前后都设有红绿黄灯，车的两侧还能打出八角的"STOP"停车标志。按照当地的交通规则，校车准备停车接孩子时，先亮黄灯，车停好后亮起红灯，并打出"STOP"标志。这时，校车的对面和同向的所有车辆都要在 50 英尺以外停下来。等孩子们安全地上、下车后，校车启动，亮起绿灯，其他车辆才允许走。为了保证这条交规得到切实的执行，美国的交通规则明确指出，校车司机有监督权，他认为谁违反了有关校车的交通规则，谁就是违反了交通规则。这使校车司机发挥着流动警察的作用。有一天，我特意去看住处附近的小学生上学，果然，校车前后 50 英尺外，双向车辆都停下静候，孩子们大摇大摆地上车，享受着最高的礼遇。

顺便说一点关于老人的题外语。一位国内著名大学的教授，据说曾经担任物理系主任，移居到了美国。虽然他有四个子女在美国工作，但由于年轻人需要打拼，都很难照顾老人。他和老伴先是住一个两居室。后来生活不能自理了，就双双住进了养老院，包一个一居室。一个老人去世后，另一位住进了单间，一个床位。在老人能活动的时候，子女每周末接他们出去吃顿饭，老人也陆陆续续把家里的东西都送给了子女和朋友们。这样的结局，真使人感到有些凄凉。

留学生的艰苦生活

现在，每当我听到刘欢唱的电视剧《北京人在纽约》的主题曲《千万次的问》，就不由得想起当年在美国生活的一些场景。

20 年前，我们国家的经济条件还不好，那时出国留学的人大部分靠勤工俭学。我当时是大学资助的访问学者，生活无忧。可是，大学里的自费留学生，普遍生活比较艰苦。但是，他们为了学有所成，远离父母，远离家乡，边学习边工作，精神可嘉。

记得我刚到美国没几天，华裔袁教授就请我和同来美国的老白一起到中餐馆吃饭，端盘子的正是我所在大学的研究生，他身穿白衬衫，打着黑色的领结。袁教授说，这个同学已经拿到了硕士学位，正在准备读博士。为了解决学生的经济问题，也为了弥补大学的人手不足，在美国的大学里，设了很多勤工俭学的岗位，不少职员岗位、服务岗位是由学生承担的。水平高一些的学生也有当助教的。但是，由于端盘子刷碗的工作比较好找，挣钱也不少，因此很多留学生都干过这个活儿，这在美国很平常，谁也不会笑话谁，但在国内是不可想象的。

我们来美国不久，从上海来了一个自费留学生阿亮。他暂时没处住，就和我们住在一起。他是长期留学，因此需要马上买车、考本子。没几天，本子考下来了，车也买了，二手车，花了近千美元。接着就是找工作，不久就找到了餐馆端盘子的活儿。一天打工回来，他情绪很低落，说让警察给抓住了。当天下着小雨，一辆警车拦截了他，说他超速，原来有一段小街限速 25 英里，他不知道，以为和周边一样都是 40 英里。在雨中，警察不仅盘问，还让他做平衡动作看是否是酒驾，最后给他开了一张传票，让他下周出庭。听说至少要罚款 50 美元，还可能记点儿。违章记录输入计算机后可能还会影响以后的保险费和找工作。

由于着急上火，阿亮的牙肿了，还发起烧来，真是祸不单行。在美国最怕的就是看病，拔一颗牙还不得几百美元。由于刚到美国，阿亮也没有很好的医疗保险，看病不知要花多少钱，我们都很同情他。最后还是朋友帮忙，找个认识的医生给看了，只花了20美元。

不久，阿亮的太太带儿子要来美国和他团聚，我们也都替他高兴。他要单独租房子了。房租很贵，家具也没有，大家帮他想办法。一天有同学看见路边垃圾箱旁扔着一个床架子，还有厚厚的床垫，七成新，能用。于是，我们三四个人一起出动，开着小车去拉，把垫子放在车顶上运回了家。

长期留学的同学一般都会买汽车，但是没人买新车，就是二手车也很少买贵的。常见的是几百美元一辆的，车便宜，毛病就多，有的真是"除了铃不响哪儿都响"。一次一个买了车的同学非带我去兜风，真让人害怕。在美国的那些日子里，我多次遇到开车打不着火的情况，没办法只好拦辆车请人家帮忙，用两根电缆拴在电瓶上，通过人家发动把我们的车给带起来，好在美国人都愿意帮这个忙。由于车常坏，很多留学生都有点儿修汽车的本事。

当年，中国留学生就是这样艰苦奋斗的，随着我们国家经济的发展，现在肯定不是这样了。但是当年留学生们那种不畏艰难、刻苦学习、乐观向上的精神今天仍然值得发扬。

市场经济见闻

在计划经济环境下生活惯了的人，初到美国，看到同样的商品在不同的商店卖的价钱不一样，会感到很新鲜。市场经济对服务态度的促进作用也显而易见。"顾客就是上帝"已经成为美国的一种文化。无论是否发自内心，服务人员笑脸相迎普遍做得比较好。售货员常常主动问你需要帮助吗？如果你让他们帮着做点儿什么，他们会很爽快地说："当然行！""没问题！"

当年买东西退货在我国是件很烦心的事。在美国就大不一样了。商场基本都是无障碍退货。我和朋友罗医生在超市买了一条活的金鱼，用塑料袋装水把鱼带回了家。可惜没两天鱼就死了。我们把这条鱼拿回超市，超市二话没说就把死鱼退了。一次，我和老白要去一个美国朋友家做客，买了一大束鲜花，罗医生看到后说，这种花不适合送给女主人，是用在仪式上的，典礼可以送，葬礼也可以送。这下把我们吓坏了，赶紧准备了其他小礼物。等晚上我们从美国朋友家回来，看着墙角那束没用的花，觉得可惜，想想还是退了吧。我们到超市也是没费任何口舌就把鲜花退了。

在 20 世纪八九十年代，罗医生也到过中国，他很奇怪为什么售货员态度那么不好。经常看见售货员扎堆聊天，问他们话还很不耐烦。如果让他们把哪件东西拿过来看看，售货员很可能会说，架子太高我够不着；或者就把东西往柜台上一放，扭头不理你了，好像不想把东西卖出去。今天看来，计划经济和市场经济背景下的服务态度确实有

万圣节和美国老师同学在一起

很大的不同，但这也不能都简单地都归结为利益驱动，还需要上升到更高层次的文化之中。

考美国驾照

20 年前，国内司机还是一种难得的职业。在美国这个汽车王国，从 17 岁（有资格拿驾照）到七八十岁的老人，几乎人人都会开车，不会开车就像没有腿。驾照是人的一种身份证，甚至比什么身份证明都好使。在美国虽然我没有汽车，但是在美国朋友的鼓励下，我还是想考个本子，尝试尝试。

当时，在国内考驾照很难，一般要在驾校学习很长时间，还要交不少钱。在美国，你如果抓得紧，学得快，几天之内就可以考下来。

在代顿市的街上

考驾照首先需要买一本交通规则来学习。我只当是学外语，没有几天，就把这本美国的交规给翻译成了中文，在理解的基础上，记下了大部分条款。然后，到驾照考点考交规。书面考试在一个有几十个扶手椅的大房间里进行，从上午 8 点到下午 4 点，随来随考，独立完成，不限时间，答完交卷。一共两张考卷，每张 20 个小题，都是有四个选项的选择题。一张考交通标志，一张考交通规则。20 个交通标志我毫无疑问都答得很好，交规里有一个题是关于摩托车驾照的，我当时就没认真看，只好瞎蒙了一个结果。卷子交给考官一看，标志得了100 分，交规 95 分，就是那道摩托车驾照的问题答错了。考过了交规，警官查看了我的护照和社会安全号码，当即给我开了一个临时驾照，我可以在一个正式司机的陪同下上路练习开车了。

在美国，考驾照是用自己的车。钻杆考试考的是入库出库，四根杆插在矩形的四个顶点上，正前方再插一根，开车穿过这个矩形后，再原路退回来，不碰杆就算过了。另外就是路考，在实际道路上开一段车。

在罗医生的帮助下，课余时间我就在停车场、马路上练了起来。留学生们也都很帮忙，他们拿桌子腿、墩布棍模拟考杆，帮我反复练习，后来直接带我上路练。基本有了把握之后，就给驾照考点打电话，约定了考试时间。考试那天很顺利，一个女警官坐在副驾驶的位置上，钻杆由于我开得很正，得了 100 分。接着上路，在考场附近街区转了一圈，得了 88 分，总算考过去了。考官给我开了一个条儿，说可以办驾照了。

于是，我和朋友来到一个类似街道办事处的地方办驾照。在一个蓝色背景布的前面照了相，又填了表(其中要填头发的颜色、眼睛的颜色这些美国特色的项目)。没几分钟，工作人员就递给我一个塑封的小卡片，这就是俄亥俄州的驾照，连个外壳都没有。从买交规、路考到办驾照，我总共花了 14 美元。

美国也有美国的问题

在美国生活，能够感觉到它的优势，同时也会发现它的问题。总的来说，美国社会的安全还是有保障的，特别是在小城镇和郊区。大城市的社会秩序会显得乱一些。一次我走在便道上，四五个黑人小伙子并排走过来，挡住我的去路，我只好绕到马路对面。还有一次，我在公共汽车站等车，遇到一个白人找我要钱，好在比较客气，只是说他受伤、失业了，需要钱。我说没有，他也就算了。街上时常可以看见衣衫不洁的流浪汉，即使在纽约、华盛顿这样的大城市，也总能看到流浪者躺在街头木椅上过夜，他们的家当只有一个黑乎乎的大布口袋。

美国的电视新闻大都以刺激为本，喜欢耸人听闻，杀人、着火、追捕的消息不断。我所在的城市代顿，圣诞节后发生了一起枪杀案，有一个四人团伙在市中心广场喝完酒，向人群乱开枪，打中九人，六人当场死亡。那段时间这条消息被反复播放。在美国住长了，有点越来越不安全的感觉。

"诚信"在美国一般都受到高度重视，但也有骗人的事情发生。有一个中国留学生刚到密歇根就上了当。他和同学看见报纸上介绍了一个工作：糊信封、装信一个月可以挣700美元，但要先交30美元的介绍费。于是，他俩就按广告中的地址寄去了30美元。过几天果然回信了，信上说：你们也可以和我一样在报上登广告，让人们给你寄钱，这就是所说的糊信封的工作。原来遇上了骗子。

我有时和在美国定居工作的中国人聊天，他们说，美国的制度虽然比较稳定，可是工作并不稳定，说辞退就可能辞退你。如果是老板突然提出要辞退你，他要多付两周工资；如果提前两周通知你，那就一分也不多给了。有时是因为你的职位老板想换人，有时是因为公司经济状况不好要裁员，取消了你这个职位。像当时美国换总统，有3000多个官员需要一起换，就是辞退。当然，这在克林顿竞选战胜老布什之后就知道了，从那时起到1月20日总统交接，他们有两个多月的时间找事干。在美国你可以骂总统，但是不能骂老板，因为老板说解雇你就解雇你。

最后，我想以著名美学家蒋孔阳在一篇文章中的一段话为结束语："从这几次的外出，我感到了世界的大，也感到了世界的小；感到了世界的同，也感到了世界的异。许多国家各有她们的制度文化，各有她们的风俗习惯，真是千差万别，不能不惊叹世界的大。但是不管怎么大，现代交通工具缩短了彼此的距离，这又不能不说人类的地球毕竟是小的。在相互交往中，彼此发现不仅相异，而且相同。"

在俄亥俄州代顿住地留影

从 1992 年算起，近 20 年的时间过去了。世界发生了翻天覆地的变化，我们的国家更是日新月异。旅美一年使我了解了发达国家，了解了市场经济，了解了西方的管理，这对我后来的工作有很大的帮助。今天，我们国家的实力与发达国家的差距在逐渐缩小，人民的生活水平也在不断提高，这些都得益于几十年的改革开放。展望未来，我们的教育工作还是要坚持面向现代化、面向世界、面向未来，不但要继承我们自己的优良传统，还要继续借鉴国外的先进经验，把中国的教育搞得更好，把一代一代新人培养得更好，使我们的国家不断走向繁荣富强。

我是幸运的

卢文敬

　　卢文敬，英语高级教师，1987 年到北京师范大学附属中学工作，1990 年 8 月至 1991 年 6 月，以访问学者身份在美国研究学习。

　　在中国改革开放的大潮中，我们每一个人都是受益人，我又是同龄人中较早体验到这种益处的，从这一点上来看，我真的很幸运。1987 年 7 月，我从北京师范大学外语系毕业后来到北京师范大学附属中学任教。工作的第三年附中就送我到美国访问学习一学年。我以访问学者的身份在马里兰州三所高中穿梭做助教的同时，在附近的大

在杰斐逊纪念堂前留影

学、中学旁听一些课程，进修英语；我在美国接待家庭中跟他们同住了一年，并参加了当地的各种文化活动，深度体验了解了美国的文化及风俗，极大地促进了我的英语学习。当时出国进修的机会很少，我非常珍惜。这一年对我后来二十几年的教书生涯尤其是英语教学，可以说起到了举足轻重的作用。

　　首先，身为一名英语教师，在当时改革开放不久，信息时代还未到来的大背景下，到英语国家学习实在是最直接、最有效地吸取英语文化，提高英语水平的捷径。我在这一年中如饥似渴地抓住各种机会了解英语文化，了解英语国家的人民，特别是学习地道的英语专业知识。住家的爸爸妈妈、邻居、商店店员，人人都是我的老师。回国时箱子超重，一大半是带回来的教材、字典。无法想象没有这一年，我的英语专业知识会是怎么样。

　　我住家的爸爸是一名海军军官，后来当了律师。他早年曾经去过许多国家和地区，有着丰富的经历，对世界各国特别是中国文化有着极其浓厚的兴趣。律师出身的他又特别热情，擅长讲话，"好为人师"，是我最好的老师。常常吃饭我都是拿着字典，我们会就一个话题探讨许久，一顿饭有时要吃好几个小时，耐心的妈妈只好一直等着我们吃完再收拾碗筷。为了让我尽可能多地体验当地的风俗，他们带我去各地走亲访友。二十几年前我们去艾奥瓦州的一个小镇的时候，我是第一位华人访问者，当地的报纸当时甚至报道了此事。记得大学时老师曾经说过，"什么时候你能用英语做梦了，说明你学得地道了。"我到美国抓住一切机会学习几个月英语之后，真的做梦都说起了英语！

　　二十几年前，我感触特别深的，除了美国物质的极大丰富，还有他们整个社会建立起来的诚信体系，人人视为法宝，似乎没有人想钻空子、占便宜，都是老老实实按照法律法规办事，不用相互提防，不用担心上当受骗；学校并没有对学生专门进行爱国主义教育，但每天面对国旗唱国歌的时候，每位老师和学生的脸上都肃穆庄严自豪骄傲；那时的他们已经很有环保意识了，都尽量使用能回收的环保纸袋儿，垃圾分类很严格；在看不到交通警察和协管人员的街头，几乎人人自觉地严格执行交通规则；公共场所为老年人、残疾人留出的专用车位、洗手间永远没有其他人占用，记得跟学校去佛罗里达州的迪士尼乐园游玩，虽是炎炎烈日，人山人海，但大家都耐心排队，毫无怨言，尤其是遇到老年人、残疾人时，更是一起帮忙、礼让；人民热情友好，无论走到哪里，素不相识的人们都会面带微笑真诚地互相问候，男士总是彬彬有礼，对女士照顾有加；社区、教会、学校、慈善机构等到处可以看到志愿者的身影，他们都是无私奉献，不计得失，默默无闻，更难得的是持之以恒！我认识的一对老年华裔夫妇，他们帮助过无数个初到美国、家境不好的学生，甚至学生家长，他们开着车，带着需要帮助的人们跑移民局，试着找工作等。我住家的邻居自己不富裕却领养了身有残疾的小孩儿，并给予了无微不至的照顾和关怀。这些都内化成为我做人的榜样，这些年来我也试着以高素质要求自己，并教育我的学生做好人、做文明人。

在华盛顿植物园

对于我个人来说，这一年里我虽身在异国，但想得最多的是祖国这个大家，想的是如何学到更多的东西回来为中国的教育，为我的学校、我的学生多作贡献。当时的校长朱正威先生利用到美国开会的机会专门来看我，我深深体会到学校对我的关怀，真是特别激动和感动。

这一年，无论眼界的开阔、文化知识的积累、意志品质的培养，还是看问题的客观性等，我都得到了极大的提升。我也曾多次在各种场合提到，只有在异国他乡的时候，对于"爱国"这两个词才能体会那么深刻。我不能容忍任何人不尊重我的国家，每每想到祖国都感到是那么的亲切。我把自己看做是中国的形象代表，我必须做好每一件事，每当我因为刻苦学习、认真工作、人际关系处理得当等得到赞扬的时候，都由衷地感到骄傲和自豪，因为我的一举一动代表着中国。

记得当时刚到美国接受培训的时候，负责我们的老师对我们说，"你们现在就是传播中国文化的使者，回去后更将成为中西文化交流的使者。"在当时，我们中国还没有现在这么强大富裕，美国人对中国的了解实在是少得可怜，我就利用各种机会宣传中国。我住家的爸爸几十年前在中国香港买了一老式铜制火锅，一直放在储藏室作为文物保存着，我去了以后给他们做地道的火锅，甚至教他们如何沏茶，拌凉菜，其乐融融，他们特别的高兴。记得当时在社区组织的国际文化交流活动中，我带着百十来人一起包饺子，介绍中国的食文化；在学

在房东家共进晚餐

校美术课上，我带着大家包括学校的艺术教师写中国书法，尽管我自己写得并不好；我更在不同场合多次介绍中国的教育、风俗习惯、名胜古迹等，使尽可能多的人通过我了解中国，了解中国人民。我住家的妹妹当时在高中就开始学习中文，这在当时也算是新鲜事，后来又来北京师范大学附属中学学了一年中文，大学时主修了东方文化，后来去台湾工作了两年，现在专门从事中西文化交流的工作，应该说我在这其中还算小有贡献吧！回想这些年，我可以自豪地说，我一直在继续着这种文化的传播。我的工作就是把美国及英语国家的语言和文化介绍给我的学生，使他们成为与国际接轨的世界公民，而这会影响到他们的一生。我也不断接触着来自美国的朋友。我们中国人讲究滴水之恩当涌泉相报，他们对我何止是滴水之恩！因此现在每年到了感恩节、圣诞节等节日的时候，我第一件要做的事就是感谢我在美国时曾经帮助过我学习及生活的住家的爸爸妈妈、老师同事、朋友。这些年来，我们曾经多次互访，更加深了感情，我带去的是中国文化的博大精深、中国人民的热情真诚，学来的是美国先进的教育理念、英语文化知识及高度的精神文明，体会到的是两国人民之间的友谊！

还有，出国学习，这在当时是要克服重重困难的。二十几年前，我们的物质相对贫乏，通信不够方便。我经过这一年锻炼了自己，克服了可能出现的各种困难，当然也得到了相当丰厚的回报，那就是学到了工作及生活的本领，磨炼了自己的意志，这些是我宝贵的人生财富。我觉得人是要有点儿精神的，无论做什么事情都要有始有终，有进取心，知道感恩。我无愧无悔地说，我把握了机会，经受了考验。现在我能够如鱼得水、自由自在地工作和生活是因为有了这一年难得的经历，有了附中对我的培养，有我曾经的付出，以及曾经的生活学习的积累。回国后不久，我们学校在大兴黄村建立了分校，需要英语教师，我毫不犹豫地报了名，继续克服困难去那里教书，出色地完成了任务。学校培养我，我就应该在需要的时候出现。我已经在附中工作了二十四年，感觉自己很幸运，很幸福，很有价值！现在我积累了更多的人生经历和教学工作经验，我更加珍惜自己的工作和生活。我目前应该做的就是报效祖国，报答学校对自己的培养，更好地为国家培养有用之才，过去是，现在和将来也是，踏踏实实、认认真真地教书育人！

美国记忆

周丽敏

周丽敏，英语高级教师，1988 年到北京师范大学附属中学工作，1992 年 8 月至 1993 年 7 月在美国做中文教学工作。

我是 1992 年去美国的，近二十年了，想起在美国生活的那一年，想起那些美好的人们，那一段段有趣的经历仿佛刻在了心板上，忘也忘不掉。

美丽的密歇根

到密歇根时是 8 月下旬。房东 Mike 夫妇到底特律机场接我，回到家已是美国时间晚上 11 点了。一路上他们很小心地关照着我，显然很善良。来之前反复研究他们的材料，反复看他们的照片，总觉得像特务，尤其是想到这是一个美国战地组织（AFS）发起的教师交流访问活动，让一个陌生人在家里吃住一年，不会有什么阴谋吧？他们的友好和周到很快打消了我的顾虑。房东 Mike 和夫人 Gretchen 带我快速参观了各个房间——对我来说简直像宫殿一样，我的感觉令他们很高兴。到了我自己的房间，我心里紧绷的阶级斗争那根弦松弛下来，安心睡了，一觉醒来已是第二天中午。

我认识的第一批美国人是在点心餐厅（Dim Sum Restaurant）。他们是一批对中国尤其是对中国的贵阳有深厚感情的团体。他们中大部分人都曾到贵阳义务教学一年，有的是中学的老师，有的是大学的教

房东家的圣诞节聚会

授，其中有的人一直坚守在贵阳支教，只在放假才回美国。他们每月必有一聚，交流感受，长期固守着这个传统。他们是一群可爱的人，而在接下来的学习、工作中，他们认真、敬业的精神也极大地帮助了我。

我的工作主要是在 Seaholm 中学（房东 Mike 所在的学校）以及 Derby 中学教中文，讲授中国文化，包括中国诗歌、神话、烹调（主要做饺子和拌凉菜）。我上课之余也关注学生上的课程，坚持长期听房东 Mike 的中国历史课、Jay 老师的名著赏评课以及 Hockman 老师的经济学课程等。我还常去旁听音乐、舞蹈等课程。这些课的学生都少于 30 人，课堂秩序较好，气氛很融洽。老师们都各自固守着自己的一间教室，学生一拨一拨走班上课，到教室时像客人一样，规矩由老师来定。表现不好的一经提醒则认真改正，态度很好。学校有各种惩罚制度如警告提醒（warning）、放学后留校观察（detention）、停课一天（be sent home for the day）、停课直到问题解决（be suspended）。学生下课都到走廊里，找到自己的小柜子准备下节课的学习用具和材料。走廊里有老师巡视管理，比较安静。中午饭有的自己带，也有的到餐厅排队买饭，各班下课的时间不一样，餐厅很有序。学生没有午休，吃完饭很快又该上课了。下午2:30放学。老师对学生很好，总是鼓励和肯定他们，这样的赏识教育使每个孩子都很自信。课堂上，学生习惯直接表达自己的见解。比如，当我讲到中国诗人李白和他的诗作时，美国孩子就批评这位大诗人是酒鬼（alcoholic），他们不理解中国诗人的多愁善感，说他们不够积极乐观。讲到嫦娥奔月吴刚伐树时，美国孩子不理解为什么要用砍树来惩罚他，这对树木是不公平的。最有意思的是烹调课，我提前准备好饺子皮和饺子馅，上课我教他们如何包饺子、煮饺子，吃完饺子正好下课，我们把多余的饺子送给老师们品尝，他们对我们中国的饺子大加赞誉。

　　每天上学和放学回家都是 Mike 开车。放学回家时感觉最好，时间还早，天很亮，车开得不紧不慢，我们边聊天边看窗外的风景。密歇根的秋天真是美极了，一路上一条条街道如画一般美不胜收。红的、黄的、紫的，各种颜色的树木和花草争奇斗艳、如梦似幻。清新的空气中时而飘过青草的味道，那是人们在修理草坪。时隔多年，那种青草的味道，仍然是我美国记忆的一部分。

元旦夜枪声

　　新年前夜，房东 Mike 和夫人 Gretchen 应邀带我去参加 Greg 老师举办的新年晚会。他家在底特律市，距我任教的 Seaholm 中学开车要一个多小时。他并没有像其他老师一样住在伯明翰学区或布鲁姆菲尔德等富人区，据说是因为在底特律市可以享受到便宜的大房子而在郊区却不能。久闻底特律大名，马上要看到我在中学课本里学到的汽车城了，我心里充满了盼望和好奇。刚到城区，只听"啪啪啪啪"几声响，Mike 便将车门都锁上了。我忽然警觉起来，Mike 不是怕我跳车逃跑，而是怕有人进来抢劫。到美国后确实听人说底特律有点乱。窗外高大的建筑扑面而来，定睛看时，却没有应有的繁华。眼前的几幢大楼的

和房东 **Mike** 和 **Gretchen** 夫妇在一起

窗户都破烂着，黑洞洞的有点荒凉；不时有摇摇欲坠的别墅掠过眼前，院子里荒草斑驳稀疏。原来从 20 世纪五六十年开始，大批白人和中产阶层黑人便陆续撤离城市（历史上称 white flight），搬到郊区，这座闻名遐迩的汽车城就此衰退了，被遗弃的房屋和建筑成为城市废墟（urban blights）。眼前的景象与我们所住的地区形成很大的反差，与我的想象更有天壤之别。

还是 Greg 先生家的晚会冲淡了我的失望。本来街上没看到几个行人，连抢劫的人也没出现。但这巨大的别墅里却熙熙攘攘，也不知道人群是从哪里来的。大家说说笑笑，不时举着杯子托着自己的餐盘加入到新的人群里，其乐融融。并且生怕冷落了我这个远方来的客人，对我分外热情周到，不断找我问候聊天，问得最多的是我适应得怎么样，经历过文化冲击（culture shock）没有。仔细想来我适应得很快，头个月还偶尔梦见大字不识的母亲都会讲英语了，我想我的语言关过了，好像也没有经历所谓的厌倦、无聊、低落等类似流感症状的文化冲击的情绪体验。人高兴的时候时间便过得很快，快到午夜时，我问

Mike 夫妇是否要回家。他们说等安全了再走。入乡随俗吧，这里越晚越安全，相信 Mike 没有错，何况大家一起听新年的钟声、迎接新年的到来是很有意义的一件事情，这可是我在美国底特律过的新年啊，这无疑要载入我的历史"史册"啊（我的剪贴簿）。大家欢快的说笑声停止了，片刻的安静之后我们开始一起倒计时，我的心跳也开始加速了。耳边响起"Happy New Year"的同时，窗外仿佛鞭炮齐鸣。中国文化传播得如此遥远太令我骄傲了。可是到了门外我才意识到这不是放鞭炮，而是有人在放枪。枪声大作，响彻夜空，这可比放爆竹危险多了。朋友们也说不清这个放枪庆祝新年的传统的由来，大概几百年了吧。虽然有些地方这样做是违法的，但是在底特律，是被接受的，就像放鞭炮虽然又污染又危险，但中国人都接受一样。耳边枪声依然划破夜空，仿佛一场激烈而持续特别长久的战斗。我们成功"突围"时已是凌晨一点，偶尔还有几声冷枪，Mike 把车开得很快，仿佛要摆脱"敌人"的一次疯狂反扑。尽管半路上由于超速遇到警察的围追盘问使我的神经又一次兴奋了起来，但新年的枪声依然是我美国经历中的最大的事件。这么多年过去了，我还记得美国人说的"No better way to celebrate New Year than shooting guns（没有比放枪更好的庆祝新年的办法）！"

阿米什人

我是在宾夕法尼亚州的兰卡斯特县见到阿米什人（Amish People）的：远远地在乡间的土路上，两匹马拉着的一辆马车悠然地走着，车上女人一身朴素的蓝裙，头上裹着浅蓝色的头巾，男人穿着蓝衬衫、黑裤子，戴着宽边草帽，车里还有爬犁样的农具。这种情景与我在纽约、芝加哥见到的很不一样，与底特律郊区的富人聚集的小镇也截然不同，感觉像到了"异国他乡"一样。这就是美国多元文化之一元。原来他们是阿米什人，18 世纪从欧洲来到美国，最早定居在宾夕法尼亚州，其他州也有少量分布。他们崇尚并保持着欧洲 17 世纪的田园生活方式，拒绝现代化社会的任何影响，远离美国文化，选择了看似落后的简单朴素的生活方式，他们也被称做"素人"（plain people）。他们日出而作，日落而息，无论这个世界发生怎样天翻地覆的变化，他们只是按照祖辈的方式生活。他们珍视家庭、土地，认为它们的重要性仅次于上帝。他们虔诚地相信上帝。他们认为世俗的事情会使他们远离上帝，会破坏他们的团体和生活方式。他们拒绝用电，家里没

在密歇根过万圣节

有电视、电话，连收音机也不用，这样他们成功地抵制了现代社会的侵扰。以耕作为主的阿米什人也不用拖拉机，"现代化"的农具也是用马或骡子牵拉。他们不开汽车，认为汽车会使人轻易获得世俗之物而变得贪懒。他们衣着简朴宁静，吸引了世人好奇的目光。在这样快节奏的物欲膨胀的社会里，他们靠着看似落后的生活方式能存活下来吗？他们做到了，而且还活得很好，据说人口已翻了3番达20多万了。与我任教的Seaholm中学不同，与我们北京师范大学附属中学也完全不同，他们的一室学校（one-room school）没有电灯，没有自来水，教室外有一个压水井供孩子们洗手、喝水。十多个孩子来自几个不同

的家庭，从一年级到八年级年龄不等，他们的老师通常是一个年轻的未婚女子。他们学习《圣经》、英语（拼写、阅读）、算术、手工、书法等。他们普遍都不上高中，他们认为八年级的学习足够他们在阿米什社会成功生活了。他们或是在田间劳作，怡然自得，或是赶着四轮马车，平静而满足，从他们身上，我感觉到了幸福。高楼大厦是美国，四轮马车乡村路也是美国。我们在谈论重塑家庭价值、提升职业道德、节能减排过绿色生活的时候，全世界都该向美国的阿米什人学习。

美好的人们

在美国的一年里，我身边的人们给我留下了最深的印象。他们风趣幽默、善良乐观、家庭观念强、热心慈善事业和志愿者工作、乐于助人，他们的优点不是几句话就能概括的。

我的房东 Mike 和 Gretchen 拥有一个大家庭。五个儿女都有各自的家庭了。因为美国节日多，这个大家庭常有家庭聚会（family reunion）。每次聚会前，Mike 夫妇都会提前整理房间，准备食物、饮料、烧烤用具，修剪草坪，摆放餐桌餐椅。每次聚会都是热闹非凡，房子四周的草地上满是快乐的孩子在玩耍，有时也会看到爸爸背上驮着孩子在草地上爬来爬去，他们和中国的父母一样，喜爱、疼爱、溺爱着孩子们。厅里的人们或是在看底特律狮子队参加的橄榄球比赛，或是在看老虎队的棒球赛，要么就是活塞队奉献的篮球赛，密歇根的节日常有地方球队的节日赛以烘托节日气氛。

平时 Mike 夫妇也乐于为子女照看小孩。这也是我的一段美好经历。小孩子们都喜欢到我的房间闹一闹，爬到我的床上蹦一蹦，或者爬到我的书桌上玩弄毛笔、印章等，他们对我这个外国人的一切都充满了好奇。

我们一大家人开车去北方度假是很壮观的。北方那块房产四周都是森林，地上覆盖着厚厚的落叶，有的地方长着野蒜、蘑菇。男人们还能打到猎物。最有趣的是我们在森林里砍柴劈柴和烧烤食物。

大家一起开车去印第安纳州的布鲁明顿（Bloomington）帮四儿子Michael 和儿媳 Tina 搬家也很有意思。我参观了这座大学城，看到了他们二人攻读博士学位之余还要经营的自行车店，也看到搬家的内容不是家具，而是一箱又一箱的书籍。

Mike 夫妇人好，朋友多。听说有中国客人住着，都主动邀请我去做客。邻居 Heidi 和 Maggie 母女俩也成了我很好的朋友，常过来找我聊天做中国饭。第一次一起外出时去参观密歇根州农业展（Michigan State Fair），第一次见到巨大无比的南瓜、芹菜时，我惊讶得说不出话来。后来 Heidi 带我去参观她工作的珠宝店，还带我去帮书店盘点，使我有了一次打工挣钱的体验。Heidi 驾着新买的爱车带我去多伦多参观中国城，吃中国饭。她们为我办的生日聚会给了我很大的惊喜。

朋老师和夫人 Ruth 是 Mike 工作上的朋友。朋老师经历很多，生在台湾，长在北京，留学在日本，取了个美国太太，在 Seaholm 中学教日语。他和夫人很好客，他家的房子很漂亮，位于湖边。夏天我们踩着脚踏船在湖里游玩，湖里的鱼儿清晰可见。冬天我们在冰上凿洞钓鱼，鱼的味道很鲜美。但是最美味的还是朋老师炖的猪手。他们很高兴看到我大快朵颐，甚至很满意我有失体面的吃相。

Harold 一家是 Mike 的家长朋友。孩子在 Mike 的课上学习中国历史。Harold 先生很风趣，面部表情很丰富，是通用公司（GM）的汽车工程师。Harold 夫人很随和，为了让我深入了解美国家庭，她详细地做了一个家庭收入和开支表给我讲解家庭的经济运转情况。每次吃饭时，他家那条叫 Duey 的大黑狗就坐在我们之间，半个脑袋趴在桌面上等着吃点好吃的。美国的家庭对宠物太好了，有专门的狗粮和狗玩具，甚至有各种职业的人形狗饼干做零食。Harold 夫人一会儿喂狗狗吃个"厨师"，一会儿给个"警察"，一会儿喂个"议员"，喂完还要抚摸表扬几句"Good boy!" Harold 夫人带我进行的最长的一次旅行是去华盛顿。途中我体验了美国的高速路，经过了一望无际的农场，经过葛底斯堡（Gettysburg）古战场时她教我学唱美国国歌，讲述林肯总统在此地著名的演说和提出的"民有、民治、民享"口号，还参观了烈士公墓。美国人和中国人一样热爱自己的国家。她说美国人最引以为豪的是"American flag and apple pie(美国国旗和苹果派)"。

Diana 一家是 AFS 教师交流工作的志愿者。长期与 Mike 合作，两家人便成了朋友。Diana 是小学老师，丈夫是商人。有三个小孩子。我应邀和他们一家人开车去俄亥俄州的 Columbus 看望她的父母，之后开车去参观辛辛那提植物园，去费城时途经世界上最甜美的地方——好时镇(Hershey, the sweetest place in the world)，观看了巧克力的制作流程并品尝到了热乎乎的巧克力。住在费城时，我们还和 Diana 的姐姐一家人一起绘彩蛋庆祝复活节。

蔡老师是在 Derby 中学教中文的台湾老师，有两个上中学的孩子。她时常邀请我到她家做客，于是我们有了一起购物、逛街、庭院售物(yard sale)等体验。最有意思的是春节时我们一起举办了"中国之夜"，我们做了饺子、幸运饼，准备了钓鱼、跳皮筋等游戏，还进行了筷子夹球的比赛。"中国之夜"吸引了许多人参加，看到他们对中国那么感兴趣，我顿时觉得我的美国之行是一件非常有意义的事情。

很多朋友如 Cubberly 夫人、Annice 修女、Jay 先生，还有 Mike 夫妇的子女们以及他们住在各地的亲戚们，我都多有打扰。他们曾不辞辛苦带我去迪士尼、芝加哥、尼亚加拉大瀑布等地观光体验。他们对我的帮助，我无以为报，只能把这种爱心继续传扬下去，去温暖我遇到的其他的人。

一年的生活听起来很长，可是很快就过完了。我很高兴能有这次经历，我在工作之余去了很多地方：从尼亚加拉大瀑布到芝加哥、到华盛顿、到迪士尼世界；见到了很多人：不同国家的、不同种族的、经商的、任教的、从政的；经历了很多的事：新生儿赠物礼、生日聚会、毕业典礼、订婚礼、婚礼、葬礼、篮球赛、棒球赛……通过大大小小的经历，我试图全面了解美国，了解她的文化，但总有盲人摸象的感觉，觉得她是美丽的、有个性的、智慧的、信仰坚定的、蒙福的、发达的、自由的、文明的、骄傲的、充满爱的……20 年后的今天我只觉得她是——美好的，因为我遇到的人们是美好的。

星岛教影

邓 虹

邓虹，语文特级教师，1986 年到北京师范大学附属中学工作，1994 年 12 月至 1997 年 2 月在新加坡做中文教学工作。

一个偶然的机会，我于 1994 年底至 1997 年初受聘于新加坡教育部，在新加坡立化中学教授高级华文。屈指算来，离开新加坡已近 15 年，关于星岛的细节记忆大多模糊。然而，每年春节那来自新加坡立化中学老同事的贺卡与问候，却时时将我带回美丽的星岛，为我唤回那段短暂而美好的执教经历。

立化中学位于美丽的西海岸，面对著名的潘丹水库，紧邻金文泰体育场，这样的地理位置为学校举办各类大型活动提供了极其理想的活动环境和场所。立化中学作为新加坡第一所政府华文中学，创办于 1956 年，最初称为新加坡政府华文中学。学校的中文名称"立化"二字，是从校训"立德立功，化愚化顽"中取两个首字命名的。与其英文名称 River Valley High School（学校原来位于 River Valley Road）相比，中文校名显然富含更多的意义。现在回忆起来，立化中学"全面发展，培育精英，健全品格，精通双语，贡献社会，环球视野"的办学宗旨与咱们师大附中"全人格，高素质"的育人目标有颇多相似之处，想来这也是所有教育者的共同追求吧。

来到立化虽说是直接执教，实际上并没有想象的那么容易与轻松。而是在经历了学做学生、学当先生、学为使者三个阶段之后，才真正找寻到了在星岛工作、生活的价值与乐趣。

学做学生

初到新加坡，一切都是"新"的。首先要学习的便是快速而自然地融入新的生活环境和工作环境。新加坡教育部给我提供了宿舍，但距离授课学校太远，于是，就近租房成了当务之急。立化中学华文部主任谢月馨老师主动承担了这一重任，首先教我在《联合早报》上搜寻和阅读租房广告。说来你可能会顿生疑窦：堂堂一华文教师，莫非连一份华文报都读不懂？这种素质还能外派？别急，请您来猜猜这则广告："芽笼主人电器家具男女多人可煮。"满头雾水吧！兴许还有些恐怖吧！经谢老师一解释，谜底揭开了：芽笼（地名）一带有主人房出租，提供电器和家具，男女可以混租，多人可以合租，厨房可以使用。有了好老师，我立刻"入门儿"，搜索广告速度明显加快，而谢老师则马不停蹄地开车带着我四处看房。两天后，终于在离学校四站地远的金文泰组屋区租到了十分理想的房间。接着在真诚憨厚的房东的指点和帮助下，迅速搞定了一系列"租生活"业务。

新加坡是一个以华族为主的四大种族（华族、马来族、印度族、英裔族）和谐相处的"大家庭"。无论是在学校还是在社区，任何地方和场所，人们都有机会与各族群接触、交流，一起参与各种活动。与此同时，大家也都保留本身的文化。而这恰恰就是新加坡的特色。从我住进组屋的那天起，每天都会迎来楼上、楼下邻居好奇的目光，左邻右舍都对我这个来自中国的年轻女教师充满关注。电梯间里，印度叔叔冲我点头，马来小姑娘跟我"Say Hi"，福建大爷、广东大妈朝我说着听不懂的潮汕话、客家语，人人都显得那么友好热情。而我统统报之以微笑。为了避免尴尬，更为了早日融入社区生活，我开始向房东请教各种族的问候语。没多久，我便学会了用半通不通的英语、印度语、马来语、闽南语、粤语主动跟他们打招呼，于是上、下班的路上，面对热情的邻居们，我也能"顾盼"自如了。而最让我惊喜和感动的是每当华族的春节、马来族的开斋节、印度族的屠妖节、英裔的圣诞节来

在新加坡动物园走近大猩猩

临时，都会收到邻居们送来的各种各样的节日礼物。让我对新加坡人的和睦相处有了非常深刻的体验和感受。

从社区到学校，求学之路不断延伸，我的老师也无处不在。立化中学3B、3D(中三年级)是我的两个教学班。班主任和孩子们只要有外出实践课，就一定会叫上我与他们同行。比如社会科学课，他们让我跟随他们去参观印度庙宇，吃印度大餐，学说印度话，学做印度抛饼；周末几个孩子陪我去乌敏岛骑单车欣赏海岛风情，考察马来原住民的生活风貌，体验芽笼捕捞的传统技艺，带回发芽的椰子当盆景；春假来临，学校安排我作为副领队与学生一道去马来西亚的马六甲，实地了解、考察马六甲的特殊历史……这一系列特殊的学习方式使我接触和了解到大量鲜活的民风民俗，开阔了视野和胸襟，并由此对新加坡以及东南亚的历史与文化产生了浓厚兴趣，同时及时弥补了相关知识的不足，为我在教学工作中自然穿插东南亚人文历史知识、缩短与学生之间的情感差异提供了极大的帮助。

学当先生

一到立化中学，就被安排担任中一和中三两个年级的华文教师。记得上课的第一天，我在两个年级的不同班级作自我介绍，并在黑板上写下姓名"邓虹"二字，结果学生哗然："老师，写的是'沈摩'（什么）?!""老师，字乱乱的嘞！看不懂的啦！""两个字的名字嘞！老师，怪怪的！"……头天晚上准备了半天开场白，各种教学意外似乎都设想到了，却万万没想到竟"栽"在连笔字和自个儿的姓名上！灵机一动，赶忙一笔一画端正姓名书写，结果学生拍手称好："哇，老师，你的字好美哟！"我的心顿时一松，师生瞬间达成共识，今后板书一律写成标准楷体，向中国小学生致敬！

至于由我的二字姓名引发出的怪异感，则是在课下向同事请教才明白，东南亚华人一直保留着姓名中"一姓二辈三名"的华族传统，几乎没有像中国人那样多用二字姓名者。与此同时，我也立刻明白了为什么上课点名时学生对我称其全名则目有怒色了。听完同事一席话，联系课堂的紧张一幕，我的心中不免生出几分"礼失求诸野"的感慨！

我的学生都来自华族家庭。在新加坡，虽然不少华族人都会讲华语，但是由于很大部分的祖先来自于中国的广东、福建，受方言的影响，他们所讲的华语与我们所讲的普通话多少还是有些区别，如最常见的：我们—咱们、播道—频道、管道—渠道、先走—走先、驾车—开车、讲话—说话……因此从执教的第一天起，我就暗暗下决心一定要向学生了解并搜集方言干扰普通话学习的典型语言现象，及时总结归纳，帮助每个学生尽快跨越语言难关，早日实现华文学习的最大突破。然后利用语言去打开一扇窗，通过它去了解学生的生活现状、思维方式、成长历程，发现学生的特长。在这种信念的支撑下，我尝试运用多种教学策略开展工作，得到了学生的充分认可，他们不但乐于学习华文，并且积极参加由我辅导的各项华文比赛活动。跟着我学说标准普通话，进行严格的口头作文训练，最终在新加坡西海岸华文演讲、讲故事比赛中夺得了第一名的好成绩，当参赛选手从比赛现场捧两座金杯奔回学校时，同学们那抑制不住的骄傲神情令我倍感自豪。而回国不久即接到学生喜报：第二年所教的中四年级两个班级在 A 水准华文考试中分别取得年级第一和第二名，大大超出了学生们的预定目标，更是让我倍感欣慰。

仔细回忆起来，我在立化执教走过两个极端，这是第二学期时学生们跟我熟了后慢慢告诉我的。他们说我刚教他们时，显得特别威严，原因是动不动就说华族人应该如何如何，汉语学习应该怎样怎样，堂堂都要提问，天天都有作业，把他们当成中国孩子教，仿佛故意跟他们的弱项过不去。后来发现老师越来越多地学他们说话，批评同学也是连说带笑的，放学后主动找学生聊天，乐于参加各种学生活动，好像是朋友一样，同学趁机撒娇耍赖不交作业，也不见老师发脾气，更不见老师上报校长。严师，让他们望而生畏；朋友，让他们有机可乘。而学生们最欣赏和喜欢的是亦师亦友型的教师，也就是现在的"Madam Deng"。真真是一句话惊醒梦中人，对老师的要求，中外学生何尝有本质性差异呢？

学为使者

虽说是新加坡第一所高级华文中学，但在我之前，立化还从未有过来自中国大陆的华文教师。学校非常重视我的到来，安排我担任中一和中三（第二年为中二和中四）两个年级的华文教师，跨头，三个班，每周 33 节课。听起来负担重得吓人，而实际上并不感到累。课虽多，但 30 分钟一节；教案虽多，但备课量很小，作业极少；作文只要求250 字左右，只圈错别字，不用写评语。

我到立化后，按照国内教书习惯，每天给学生留口练作业，第二天抽测；给作文写评语，不过是略微简化了些。刚开始，同事们对我的工作方式很是好奇，继而觉得负担太重，接着担心我的超常规工作会给他们增加压力。鉴于此种情况，我便主动向他们介绍中国中学的常规教学法和传统策略，同事们感觉耳目一新。我又向他们谈起中国式的各级各类教学观摩活动，同事都佩服不已，觉得中国的教师太了不起了。其后我又应华文部主任谢月馨老师的邀请，在一次重要的部门会议上向大家作了专题报告，主要介绍中国的教学研讨活动。这是两年间唯一的一次带有一丝教学研讨特色的活动，其结果是促进了学校之间、国家之间的教学交流，增加了同行之间的相互了解与借鉴。

新加坡的中小学每天都举行升国旗、唱国歌仪式，立化也不例外。每天清晨跟着师生唱起新加坡国歌，我的眼里总是涌着热泪，想着是在升五星红旗，特别是结尾句"前进啊新加坡，前进啊——新加坡"总被我改换成"冒着敌人的炮火前进，前进，前进——进！"有一次，教美术的程先生在办公室问我：Madam Deng，国歌学得好快的嘞，可是，不懂你最后在念"沈摩"（什么）嘞。我红着眼睛如实地告诉了他，这位讲不了几句华语的华族人沉吟片刻，低声嘟哝道："I See 啦！I See 啦！"后来每次见到我去升旗，程先生总是主动跟我打招呼："前进Madam Deng，前进中国！"真没想到，在异国他乡对祖国的眷恋竟会如此迅速地赢得新加坡人的尊重。看来，爱国实在是人类最容易认同的情感啊。

每当提起立化中学，我的脑海里第一个出现的就是它的校歌："海云漫漫碧波荡荡，赤道绿洲有我学堂，春风化雨桃李成行，立德立功化愚化顽，愿我学子勿忘勿忘，他日我校光芒万丈，愿我学子勿忘勿忘，他日我校光芒万丈，与日月争光兮，与天地共久长。"喜欢上立化，很大程度上也与这首带有浓烈华族血统和古朴风韵的校歌有关，因为是它让我相信这里有华夏文化的传统，有华夏文明的土壤，是它让我相信"德不孤，必有邻。"每当我和同事们谈起对此歌的热爱时，他们总会投桃报李，急切地向我询问北京师范大学附属中学的历史和文化传统。于是，我便开始承担起文化传播的重任，热情而自豪地陈列出咱们附中特有的"出生证"和"家谱"系列，主客皆获得大欢喜、大激动、大满足。

除了教新加坡学生学习汉语，我觉得自己的另一个职责就是尽可能多地让新加坡人更清晰、更准确、更全面地了解现在的中国。刚开始时，总觉得外国人对咱们有敌意或歧视，话里有话似的。一有机会，我就有意识地充当自己国家和文化的维护者与辩护者，不厌其烦地解释一些新加坡人所不理解的社会现象。立化中学是个小社会，教师来自各个种族。带着对中国的各种疑问，不同的人会让我面临不同的困境，比如：

"Madam Deng，你们中国天天有水果吃吗?"科学部马来老师下午茶时问。"有的，真的，各种水果。"看着她疑惑的双眼，我微笑着很有风度地回答，恨得牙痒痒的。

"Madam Deng，你们现在的公共厕所都安上门了吧?"华文部一位时常游历中国的小老师真诚地问道。"大中城市公共厕所设施都很齐备，很卫生，至于一些小地方嘛……"我的回答底气明显不足，心里恼怒哪壶不开提哪壶!

"Madam Deng，你们政府只准你生一个孩子，So cruel（太无情了）!"数学部英裔老师说。"我们觉得挺好的，多了多受罪啊!"本来想生二胎的，经他这么一拱火儿，索性绝了这念想! 你听听，你们政府，你们政府，这不是挑事儿是什么?! 好不好也得俺们自己说，有你嘛事儿啊!

……

类似的对话多了，观察的时间久了，我那紧张焦灼的心也平静了许多，时常敌对的情绪也慢慢消除了。以前自以为许多暗含火药味的非难性问题其实大都源于彼此的不了解。我日常所接触的同事们、邻居们、商贩们很多都不曾有机会来中国，对中国的了解仅仅来源于自己国家的主流媒体和陈旧的书本，他们很难想象中国现在到底是什么样，包括许多有知识、有文化的人，他们的头脑中依然存在认知上的混乱，我的任务不该是一味偏执地否定他们的陈见，而应该主动而坦荡地告诉他们一个真正的中国，一个有痼疾、有缺陷，但却不断生长、

新加坡河畔鱼尾狮旁

不断壮大的崭新中国。作为有幸跨出国门的中国人，我感觉有责任和义务让外面更多的人正确地了解中国。而作为一个民间的文化使者，我希望通过自己的努力，能让新加坡人比较真切地感受到当代中国人的真诚友善、不卑不亢、自信自强。

一句话，学生、先生、使者这三种身份的转换，就是我在星岛执教的特殊感受。

布达佩斯印象

白士娟

白士娟，体育高级教师，1989年到北京师范大学附属中学工作，1996年9月至1997年8月，以访问学者身份在匈牙利研究学习。

1996年9月16日，经过十几个小时的空中航行，途经丹麦哥本哈根转机，终于抵达了匈牙利首都布达佩斯。这一天恰逢我国的传统节日——中秋节。乘上中国驻匈使馆文化部参赞的轿车驶向市区时，我为期一年的公派访问学者的留学生活开始了！

初到匈牙利，一切都显得陌生。环顾四周，作为外国人的生僻感油然而生，仅仅十几个小时，身份就在上机与下机间陡然转换。毫无疑问，布达佩斯是一个美丽的城市，它在车窗边悄然变换着身姿。由于机场距市区并不太远，车很快就沿着多瑙河经过著名的链子桥驶入了国际语言学院——我的住宿地。晚上当我收拾好房间推开窗子时，一轮又圆又大的月亮悬挂在静寂的天空，尽管此时北京已是17日了，但匈牙利的16日还在，月亮还在，异国的中秋从心中升腾开去，幻化出千里共婵娟的画卷。

体会悠闲

周末的某一天，我独自走进一家pizza(比萨)店。店面不大，但很洁净，环境很优雅，除各种pizza外，还有许多甜点、饮料供你挑选。靠窗有几张桌椅，玻璃很光洁，墙边有放食物的长条台和高脚凳。音

在乡村小镇

乐轻柔地流淌着，你尽可以随心所欲，或站，或坐，或凭窗，或面墙，食物是你的，时间是你的，宁静是你的，当然自由也是你的。你要么站着匆匆吃完，立刻就走；要么找个合适的位置细细品尝，认真享受。我要了杯咖啡和一份 pizza，找了个临窗的位置坐下，慵懒地品味着。我学着当地人的样子，用手——这个国人用餐时很难使用的动作——将 pizza 一块块掰着放到嘴里，一口口细嚼慢咽。当然那些附着物很正常地沾在手上，我试着将手指放入嘴里，学着外国人的样子似婴儿般有滋有味地吸吮一下，这在国人看来极不雅观、很不卫生的动作，此时用在这里却极富魅力。体会着食物，体会着时光，体会着街上的行人和建筑以及由行人和建筑组成的变幻无穷的图画。这里的人就是这样，工作五天后，必会在周末轻松和放纵一下，抓紧时间去"品尝"那本就属于自己的悠闲。

　　我不禁想起那个古老的故事：阳光照射的沙滩上，穷人问匆匆而走的富人，如此奔忙为什么？富人说为了挣钱，开工厂，再挣钱，再开更大的工厂，挣更多的钱，而后在海边建个别墅，轻松地享受阳光。

富人问穷人为什么不去挣钱而成为富人，穷人说我已经在享受阳光了！

是啊，人为什么眼睛只看到远处的灯火阑珊，就不能驻足凝眸，发现点身边的光明呢？为什么非要到走不动时，才不得不坐下来，体会那上天早就恩赐给你的"悠闲"呢?！

其时，深秋的阳光透过窗户，明媚地、柔软地抚摸着脸、手和整个身体。好像个"富人"！

在学校亚洲节上与语言学院院长合影

如 花

笑靥如花，真情如花，希望如花，愿望如花，生命亦如花。

每个人都有自己喜爱的花，每个人也都有许多种理由善待自己，把一生的光阴凝成时光长河中那一瓣恒久的心香。在盛开的一刹那，灿烂夺目，它会吸引所有的视线。

花是如此柔弱，再美再艳，依然经不起朝来寒雨晚来风。春红匆匆谢了，只剩下满怀"愁绪"。

花却又是美丽的战士，风雨中尽管渐渐绿肥红瘦，终究不曾低头。生命也是一样，像精致的玻璃酒杯，常常经不起天灾人祸的撞击，粉碎成一地的璀璨，每一片都是透明的心。生命常常像昙花，用许多年的泪与汗，掺上心血浇灌，才会有笑看天下的一刻。

如今的世界，爱花的人少了，当人们为着生计奔波的时候，连自己的生命都抓不住，又有谁会倾听花的诉说？

顾拜旦塑像前留影

然而，繁杂的都市啊，请不要忘记，这世界本是镜花水月，一切如花，花如一切。佛祖拈花而迦叶微笑，这一笑便是整个世界。

君不见，布达佩斯的市民就是这样地爱花，他们种花、养花、护花、送花，于是便有了他们生活的豁达。在他们认真、严谨、果敢的生活中体现了一种文化、一种规律、一种习惯、一种美好的人生精神体验。

愿世人如花，花如世人吧，人生的美丽在于你自己的发现与珍重！

每当拥有一切时

每当凭窗远眺天空中那朵朵如梦的彩云时，是否可想：如果没有夕阳的辐射，它能披上绚丽多彩的衣裳让人赞美，叫人遐想吗？

每当驻足桥上凝望那川流不息的车灯时，是否可想：如果不是黑夜的来临，它能有这般闪烁、婀娜多姿、叫人心醉吗？

每当看到怒放的花，是否可想：如果没有一双双手的呵护，它能开放得如此绚烂，让人如傻如痴吗？

每当看到人丁兴旺的匆匆人影时，是否可想：如果没有一辈辈默默的死的让位，会有一代代生的空间吗？

——不会的，绝对不会的。

一个新事物的诞生，往往经历了无数次失败，难道说失败不重要吗？

一个人的脱颖而出，是众多平凡之辈的衬托，难道说平凡就是无意义吗？

——不是的，绝对不是的！

然而多数人只看到了自己的努力、自己的辉煌、自己的与众不同。殊不知，这一切都是因为有他人在教导，有他人在帮助，有他人在扶持。

好像云没有了太阳将失去华彩，没有黑暗，灯光也就无法闪亮一样。

于是我赞美太阳普照的白日，也赞美太阳落山后的黑夜来临。

赞美谦虚一生、沉默一生、耕耘一生的平凡的人们。

赞美空气，赞美土地，赞美森林，赞美河流。

更赞美托举了一代名人而并不比之逊色的无名者们。

没有了这一切，还会有头上的光环吗？

——不会的，绝对不会的。

所以，成功时要想到帮你成功的人，得意时要想到陪你微笑的人，

朋友酒会

拥有鲜花时要感谢赠予的人。

只有这样，才会被太阳照得金光灿灿，才会被黑暗衬托得光亮点点。

以上小文是我在学习之余发表在布达佩斯华人日报二十几篇短文中的三篇，一篇来自对布达佩斯人外在的感受，一篇来自对他们乐观精神的敬羡，一篇则是对匈牙利历史的赞美。

一年似短还长的时光使我不仅在导师的带领下搜集了许多有价值的专业数据，同时还体会到了居住在同一个地球上的人们，虽然国家不同、民族不同，但是追求美好事物的愿望是相同的。匈牙利留给我的音乐、舞蹈、艺术是我永生难忘的！

感受礼仪之邦与环保大国——日本

韩英英

韩英英，地理高级教师，1982 年到北京师范大学附属中学工作，1998 年 4 月至 1999 年 4 月在日本研究学习。

附中帮我圆了一个梦想

早在 20 世纪 80 年代初，北京师范大学留美研究生考试中，我因数学的 9 分之差，未能圆上留学梦，带着遗憾走进了北京师范大学附属中学这所有着悠久历史和深厚文化底蕴的名校。不曾想，17 年后作为学校的"重点培养对象"被派往日本留学一年，附中帮我圆了那个快要忘却的梦。也许因为机会来得太迟，我倍加珍惜。后来我才注意到，其实附中的先辈们有不少曾赴日本留学，这其中包括大家熟知的林砺儒校长。我想，附中深厚的文化底蕴中也应该积淀着前辈们早年东渡扶桑的求索，我也十分期待自己能在这次留学过程中有所收获。

1998 年 4 月初，正值樱花盛开的季节，我来到留学地——位于东京西南郊区的樱美林学园。据说，这所大学于 1921 年创立于北京，最初的校名为"崇贞学园"。它的创立者是热衷在中国传播基督教的清水安三先生，他所创立的学校自然是教会学校。可能是因为日本战败的原因，1945 年后学校迁回东京，更名为樱美林学园，每年春天校园内外樱花盛开，无以言表的美丽。"崇贞学园"虽然早已成为久远的往事，但这所大学的研究生院至今仍沿用"崇贞馆"作为其建筑的名称，使我这个中国人倍感亲切，以至身在崇贞馆时，常常忘却自己正远在异国他乡。

在日本生活仅仅一年，我深刻感受了日本的国民素质，同时也建立起一个认识自己的参照系。一年下来，除了专业知识的学习，印象最深的莫过于日本人的礼貌与环保素养了。

感受礼仪之邦

校园中每天清晨，师生、同学相见都要互道"早上好"，上课时，老师请同学读课文的前后还经常客气地说"拜托了""谢谢"；下课时，老师常对我们说"大家辛苦了"。刚开始，我感觉很不自在，时间长了才渐渐习惯。我体会那就是我们现在所倡导的尊重学生的一种表现。如果说教师是特殊公民，素养就应该高，那么真正让我感叹的却是校园外那些普通行业从业者的素质。

参加静冈县文化节

在朋友的帮助下，我住进学园附近的一栋公寓的二层。梅雨季节过后，负责管理这栋公寓的物业公司派人进入房内清理下水道。两位年轻的工人先是很客气地说明来意，并对施工打扰了我这个住户的正常生活表示歉意。为了避免弄脏地面，进屋前他们先细心地穿好鞋套，然后将一条长长的地毯从大门一直铺到卫生间的施工处，通过这个临时通道进入房间，进行施工。施工完毕临走时，他们又一次说"对不起，打扰您了；承蒙协作，非常感谢。"还有一次，这家公司派人来修理阳台上的管道和晾衣架。他们同样很客气地说明来意，之后又告诉我，他们施工是用梯子上下阳台，不通过房间内。尽管我一再说明他们可以走房内，不必那么辛苦用梯子上下，他们仍不肯。就这样为了不干扰住户的生活，两位年过半百的工人用梯子上上下下，完成了修缮工作。这件事令我十分感动。

在和室内

因为住在东京的郊区，差不多相当于北京的房山吧，去都内办事，总要先乘公共汽车，然后再换乘轻轨和地铁。公共汽车到达樱美林学园从来都很准时，常常一分钟都不差。人们上、下车都按顺序排队，没有见过争抢座位的。即使没有老年人时，一般年轻人宁可站着也不坐老年人的专座。汽车到达终点，乘客付款下车，司机总是彬彬有礼，一遍又一遍地向每一位乘客道谢。

　　樱美林学园的周边虽然处处樱花，但是过往行人却很少。公路两旁的服务业除去为大学生和少量居民服务的 24 小时店和快餐店，就是为汽车服务的加油站了。加油站的服务还蛮独特的：即使在没有顾客的情况下，加油站的雇员也不会在室内待着，而是站在加油器旁，注视着过往的车辆，随时欢迎顾客的到来。给顾客的车加完油，收完款，还要站在路边疏导车辆，帮助顾客顺利上路，最后还要向开走的车鞠一个躬，才算完一个活儿。这些加油站的工作人员中有不少是打工的大中学生。当然，打工挣的钱远远不能满足他们的生活费用，但打工却让他们多了几分自立，提前学会了怎样对待顾客，在体会劳动艰辛的同时，或许还体会了在课堂里学习的快乐。

　　通过以上的几件小事，我见证了日本普通国民的礼貌素养，受其熏陶，在回国后的日子里，我也把这种礼貌带进了课堂，其实是把尊重带进了课堂，我相信尊重能够带给我的学生美好的未来。

感受环保大国

　　今天的日本，环保科技、环保产业发达，国民环保意识超强，称得上世界上数一数二的环保大国。我走下飞机的第一印象就是清洁，清新的空气、洁净的水、美丽的樱花。很难想象在 20 世纪 50 年代到 70 年代这个国度曾发生严重的污染事件。身为地理教师的缘故，我格外关注日本的环境保护，尤其关注其国民的环保素养。

　　到了所居住的社区，第一时间就领到了居民须知，学习如何进行垃圾分类、如何处理废弃物。垃圾清运点距离公寓不远，早晨 9 点半之前各家各户将垃圾送到这里，周一是废纸，周三是瓶罐，其他日子才是普通生活垃圾。电池、灯管等有毒有害废弃物要装在透明塑料袋中，到规定日子才能拿到垃圾堆放处。居民都能严格遵守规定，比如周一是垃圾站回收废纸的日子，居民们不仅将废报纸、杂志整整齐齐地捆好放置到垃圾清运点，而且连纸质的牛奶盒都是用清水涮干净，再用剪刀剪开铺平，整齐地捆好才拿出来。这样，清运工人很方便就可将可回收利用的废弃物运到回收利用的工厂，将普通垃圾送到焚烧厂，做到了垃圾分类、资源化、无害化。可以说，在日本，资源循环利用达到了极致。垃圾清运点有居民轮流清扫，一天中多数时间是没有垃圾放置的，整洁、干净是常态，人们经过这里不会闻到异味。我还参加了社区组织的一些环保活动，居民都很积极地参加这些活动，我深切感受到每一位日本人都很关心和爱护自己生存的环境。

垃圾分类、资源回收在校园中实施得也很到位。研究生院的图书室、自习室里都有废纸回收箱，学生们用纸基本都是双面用，一点不浪费。废纸和废塑料瓶是无偿回收，是纯粹的环保，没有任何经济利益可言，不像我们这里还有卖废品补充班费的动力。如果家庭淘汰旧电器、家具等大件，要打电话叫环保科的人员上门来拉走，个人要负担运输和处理费用，动辄几千日元。

学校高度重视对中小学生的环保教育，而且提倡体验式的教育方法。经常组织学生到野外搞放生活动，组织课外小组对汽车尾气进行检测，组织参观垃圾焚烧厂，请环保人士介绍日本曾经严重的公害问题等。我感到日本国民的环保素养是从小培养起来的，而且是参与式、体验式的教育，不是空洞的说教，因此实践和行为能力就比较强。

日本国民的环保素养深深震撼了我，对我产生了深远影响。我用日文撰写了留学结业论文《日本的环境教育》，该文受到樱美林学园研究生院院长德久先生的高度好评。1999 年，刚刚回国的我立即为我校高二学生开设选修课讲授"日本的环境问题"专题，为北京市中青年骨干教师做了"日本的环境保护和环境教育"的讲座。2000 年，针对我国高中地理教材环境教育内容薄弱的问题，撰写了《以环境行为能力为核心改革高中地理的环境教育内容》，不仅获得了中国地理教学研究会评选的优秀论文一等奖，而且对新编高中地理教材产生了一定影响。这一年我还组织高一学生分小组调查了十几所中小学的校园环境问题，撰写了《运用地理学思想指导绿色校园环境建设》的论文，发表在《环境教育》杂志上，该文成为一些高校教师论文的参考文献。当然更深远的影响还是在回国后十年来我不断在地理课堂上渗透环保教

参加静冈县文化节

育。应该说我走上环保教育之路是起步于从日本学习归来，十几年来我看到北京的天越来越蓝，水越来越清，节水节电器具迅速推广，城市绿化得越来越美，同时也看到垃圾分类至今还不到位，日益困扰着城市发展，污染事件还频频发生，危害着人民的身体健康。在今天国家贯彻、实施科学发展观和可持续发展的大背景下，环境教育更有了用武之地。我坚信只要我们各个学科都注重环境教育，从我们校园中走出去的80后、90后、00后会有良好的环境保护素养，我们的国家不仅会成为经济强国，也会成为环保大国的。

日本研修笔记

刘 沪

刘沪，北京师范大学研究员、北京师范大学附属中学校长，1998年到北京师范大学附属中学工作。1998年6月至7月，受教育部派遣，参加了日本国际事业协力团为中国特设的"学校运营·管理"研修班。

1998年4月，北京师范大学领导派我来北京师大附中担任校长。由于在大学工作多年，对基础教育的情况不太了解，除了自己上学时的经历，认识停留在20年前在北京四中教书的情境。刚到附中不久，

张锦斋(左二)、张统伟(左一)、孙鹤娟(右二)、刘沪(右一)四位校长参加研修班

教育部外事司通知我，学期末赴日本参加一个月的学习，这又是一次难得的机会。

由教育部派遣，北京师大实验中学的张锦斋校长、东南大学附中的张统伟副校长、东北师大附中的孙鹤娟副校长、外事司亚非处干部史光和及我一行五人组成赴日研修团，于 1998 年 6 月 22 日至 7 月 19 日参加日本国际事业协力团为中国特设的"学校运营·管理"研修班。我被指派担任团长，研修学习前半个月在东京，后半个月在北海道的札幌。

日本文部省对这个研修班高度重视，专门派来翻译桥本女士，教育部史光和同志精通日语，他既是学员，也是翻译。研修班主办者特地编写了大量资料，邀请文部省各课室领导和地方教育官员详细介绍日本的教育情况，并带领我们参观日本各种类型的学校。一个月的学习，收获很大，使我们对日本的教育有了一个全面的了解。

基础教育均衡发展

日本的教育基本法和学校教育法，都致力于实现教育的机会均等。日本的学制和我国一样，小学 6 年，初中 3 年，高中 3 年，大学本科 4 年。小学、初中九年实行义务教育。义务教育阶段免收学费，无偿提供教科书，并对午餐给予一定的补助。全日本当时大约有小学 24000 所，初中校 11000 所，高中校 5500 所。小学、初中以公立为主，私立很少。高中校公立和私立的比例是 7：3。义务教育阶段实行免试就近入学，学校之间的差距不太大。上私立学校可以择校，上公立学校不能择校。这些办法是日本战败后从 1948 年开始实行的。这样的政策一直延续至今，在其国民中已形成习惯。

为了保证教育的平等，公立学校的师资、设备都由政府配备，有统一要求。比如，中小学一般都设有游泳池，这是为了从小锻炼孩子的强健体魄；冬天为了锻炼学生不怕冷，让女学生照样穿校服裙。学校中午都吃营养配餐，有牛奶和几样饭菜。有的小学生不爱吃紫菜卷

与日本小学校长一起吃学生营养餐

米饭(类似寿司),老师就看着他们咽下去。

公立中小学的校长、教师在区域内实行定期流动。大约每6～8年流动一次。这一方面是为了增加教师工作的新鲜感,另一方面是为了均衡,实现特别是城乡教师之间的交流。据了解,教师一般都会服从教委的调动。去偏远一些的地方任教,教师可以得到更多的补贴。在日本的中小学里,学生和老师都不评选先进,这可能是为了增强团队精神,同时也是一种均衡吧。

对教育的均衡与普及,还突出体现在对残疾儿童的教育上。日本的教育法规定,所有6～15岁儿童都必须接受学校教育。残疾儿童也要进盲聋哑学校或特殊养护学校。据统计,日本残疾孩子的就学率达99.98%,全国只有100多个残疾孩子实在出不了家门,只能派教师进行家教。我们在横滨参观了日本国立久里浜养护学校。这里主要接纳双重残疾和患脑瘫的孩子。在一座现代化的大楼里,有很多训练设施,也有很多研究人员和志愿者。我们走进一个类似游泳池的房间,池子里不是水,而是各种颜色的小球,残疾孩子在里面运动,上上下下像游泳似的。走进另一个房间,感觉像进了迪厅,音乐震耳欲聋,各种射灯不断变换,地面、墙面都是橡胶的,颜色十分鲜艳。房间内一个健壮的男士怀抱肩扛一个患脑瘫的孩子，随着强烈的音乐节奏晃动，我们看到那个孩子虽然头抬不起来，但是四肢却随着音乐节拍晃动，这时坐在地板上的一个女士鼓起掌来，原来她正是那个孩子的妈妈。据介绍，这个养护学校有 26 个学生，教师却有 29 人，还有 7 个护士，也就是说，这里的师生比超过了 1：1。

日本新一轮的"教育改革"

平成九年，即 1997 年，日本文部省制定了教育改革计划。内阁把教育改革列为政府要进行的六大改革之一。改革的背景是随着科学技术向高度化、国际化和信息化推进，社会也在大范围内急剧变化，教育必须适应社会的变化。此外，也是为了解决社会存在偏重学历的风气，过热的考试竞争，以及学校教育的单一化、僵硬化等问题。改革的基本指导思想是：①重视个性教育；②向终身学习体制转变；③适应国际化、信息化的变化。

高中实行学分制和开设综合学科是教学改革的两种新方式。

日本实行学分制的学校始建于 1988 年，目前全国有 233 所。我们专门走访了实行学分制的北海道有朋高中。日本中学的学分制与大学的类似，学生根据自己的情况，在老师的指导下选择自己的课程。因此，每个学生的课表都可能不一样。学生得到 80 个学分之后就可以毕业。因此，学生在校学习的时间不再限制在 3 年内。但是这样放宽也出现了问题，有朋高中就曾出现了一个学生 8 年还没有毕业。为此，从 1998 年起，学校规定在校学习最长不能超过 6 年。对学习某门功课确有困难的学生，也会给以人性化处理。比如有的学生学习数学（必修课）实在困难，考试及格不了，可以让他跟着听一遍课，然后通过多选一门其他课程顶替。我们担心学分制会不会造成学生竞相选择容易的课程学习。有朋中学的校长说：不会。因为准备考好大学的学生，一定会选学难度大的课程。学分制更能体现学生的主体性和因材施教。

综合高中是高中改革的另一种模式。为了了解其改革状况，我们参观了札幌国际情报高中。这所学校同时开设普通科与专业科课程。学生考入这样的高中之后，不必马上决定自己的去向。选修普通科课程多的，将来可以考大学；选学专业科课程多的，毕业之后可以直接找工作。以前，毕业的学生80％找工作。现在，毕业马上找工作的学生越来越少，想上大学的增多。综合高中就适应了这样的变化。

从日本的教育改革中，还有以下几点使我们受到启示。

(1)引进中学(初、高中)六年一贯制。初、高中结合实行六年一贯制，既符合教育规律，又可以降低中考给学生带来的巨大压力。从1948年起，日本推行均衡的义务教育，初、高中分离比较彻底。实际上，从教育教学看，初、高中的联系远比小学与初中的联系密切。50年过去了，日本又返回来研究中学(初、高中)六年一贯制的问题，应当说这是实事求是的，也是在进一步反思中学教育的科学性。遗憾的是，我国恰恰是从1998年起开始实行初、高中分离，这一做法的利弊值得认真研讨。

(2)1997年，日本在改革计划中决定，2002年完全实行学校一周五日制。当时日本实行的是周44小时工作制，即隔周双休。为了过渡到每周双休，几乎提前近五年进行准备。为什么要花这么长的时间？

参观日本初中校课堂

他们认为，教育不能说变就变。六天变五天，教学大纲、教学计划要变，教材要变，考试内容也要变，原来六天的知识内容五天完不成，需要精简。回想我们国内的这个变化，实行双休日几乎是说变就变，没有过渡，看来对教育的特殊性还是考虑不足。

（3）日本的教育改革计划把培养目标问题放在首位，提出培养"心胸宽广，意志坚强的人""培养适应21世纪国际社会需要的日本人"。"心胸宽广，意志坚强"，虽然只有8个字，但是简明扼要，对学生的人格提出了基本要求。此外，适应21世纪发展需要、适应国际社会的需要，也都是跟上时代发展、要求很高的目标。这些育人目标的提法也值得借鉴。

日本中小学教师队伍的建设与管理

通过这次研修班的学习，我们深切地体会到日本对人才队伍建设的重视。日本是一个自然资源匮乏的国家。1997年，日本文部省发布的教育改革计划书明确指出："日本国唯一的资源是人力资源。"因此，日本对教育事业的发展给予了高度的重视。

他们还认为：提高教育水平的关键是教师的素质。为了迎接21世纪的到来，需要培养适应新时代的有魅力的优秀教师队伍。

● 日本对中小学教师素质的要求

（1）任何时代都需要具备的教师素质。包括：作为教师的使命感、对青少年成长发展规律的充分理解、对青少年的爱心、学科的专业知识、良好的修养。

（2）面向未来特别需要具备的素质。包括：对地球、国家与人类的理解；丰富的人格；参与国际社会所必需的智慧与能力。还包括：解决实际问题的能力；处理人际关系的智慧与能力；适应时代和社会变化的知识与技能。

（3）作为教师这一职业所必须具备的素质。包括：对青少年教育方式的准确把握；对教师职业的热爱、自豪与献身精神；授课与辅导的必要知识、技能与态度。

● 日本中小学教师的聘任

（1）公立学校的教师聘任是由都、道、府、县政府或指定的市教育委员会通过聘任选拔考试，从持有教师许可证的人员中选拔。选拔考试包括笔试、面试、实际技能、论文和适应性考查等。

（2）为获得有丰富生活经历的师资人才，聘任选拔的年龄限制全面放宽；在人才评价方面，采取选拔方法多样化、选拔标准多元化及聘任时间表早期化等措施。参加面试的主考不仅包括教委人事部门的职员，还包括大学教师、民间企业职员、家长学校联系会成员、临床心理医生等。

（3）教师求职竞争激烈。在日本，教师是一个稳定的职业，待遇也比较好，社会上持有教师许可证的人数大大多于实际需要的岗位数。每年参加教师录用考试的人数往往是实际需要的十几倍，甚至几十倍。因此，新教师的选拔，有条件优中选优。教师一旦获得职位，大都倍加珍惜。

（4）邀请社会参与学校教育，这也是改善学校师资队伍的重要举措。日本设有特别非常勤教师聘任制度，目的是要聘请一些社会中有丰富知识和优秀技能的人员参加学校教育工作。非常勤教师可以担任一部分教学任务或负责俱乐部活动。教学内容或组织的活动主要有音乐、绘画、书道、茶道、陶艺、料理、外语会话、建筑设计、室内装饰、信息技术和信息处理等。

● 日本教职员的工作情况和日常管理

（1）日本国立或公立学校的教职员都是国家或地方的公务员，要遵守法律规定的公务员的各项要求。公务员的基本义务包括：服从上司命令的义务；专心致志工作的义务；保守秘密的义务（如对学生学习成绩、对校内职工会议的内容保密）。在开始任职前，教师要宣誓和签字画押。

（2）在日本中小学，全校教师一般都集中在一两间大办公室里办公。每天早晨上课前，全校教师参加朝会。朝会由校长主持，主要内容是布置当天工作，各方面负责人通报事项，朝会气氛严肃，时间紧凑高效。朝会结束时，校长与教师互相鞠躬行礼。此外，学校每月还要召开一两次全体教师会，传达学校办学的意图。

（3）除代课教师外，日本的教师实行坐班制。中学教师的工作量一般每周十五六节课，但也不尽然，在报酬分配上没有工作量的区别，课时少的可以通过承担社会工作来平衡。在日本，中小学教师不能在校外兼职，通过家教挣钱是不允许的。教师未经允许在校外兼课的，一经发现会受到处罚，如停止工作三个月、降级或停止晋级等。

● 日本教师队伍建设与管理中存在的问题

（1）日本教师心理压力大，可能会出现一些心理不正常、精神不正常的情况。一方面这与教师本人的心理素质有关；另一方面也与现实工作的压力大有关。教师普遍遇到一些孩子旷课、拒绝上学、欺负人和校内暴力等问题，而没有很好的办法解决。

（2）随着近年来日本出生率的下降，学校班数、班额均急剧下降，有些学校已经出现教师数远远超过学生数的怪现象。近年来，日本中小学年新聘教师人数连续下降，教师队伍呈高龄化趋势。未来所需要的经验丰富的教师如何培养，是一个紧迫的问题。

（3）日本教师的"终身制"与分配的"大锅饭"，使学校领导对不胜任工作的教师束手无策。这样的体制不利于调动优秀教师的积极性，教育教学难以按统一标准要求进行。2004年，日本开始大学体制改革，将公立大学确定为独立行政法人，将教师身份由公务员改为独立行政法人职员，这对于教师"终身制"是一个冲击。

（4）由于均衡的需要，教师与校长定期流动的做法也有利有弊。"利"是避免了义务教育阶段学校的两极分化；"弊"是不利于学校形成稳定的教师队伍和办学的连续性，不利于学校办出传统特色和更高的水平。"为使校长充分发挥统率力，延长校长在同一学校任职的时间"，已经成为日本教育界关注的一个课题。

● 日本教师队伍建设与管理的几点启示

（1）要建设高水平的优秀教师队伍，就必须有高质量的教育志愿者和广阔的选择余地。国家只有加大对教育的投入，真正提高教师的地

在研修班结业式上发言

位，使教师成为令人羡慕的职业，才能对教师的素质提出更高的要求，才能保证优秀人才不断流入教师队伍。对教师没有严要求，只讲高待遇，同样达不到提高教育水平的目的。

（2）终身制问题是世界性课题，各国都在研究改革。改革的目的就是要提高教师队伍的质量与活力。随着人口出生率的下降，学校的富余、教师的富余如何处理，如何保持教师队伍年龄结构的合理，是需要认真研究的问题。

（3）要创造条件鼓励教师到各行各业中去实践，进修新的知识。教师不能脱离社会，不能脱离实际。向社会招聘有丰富知识的优秀人才充实教师队伍，是可以学习借鉴的办法。

（4）要培养胸怀宽广、意志坚强的学生，教师首先应具有这样的素质。因此在教师的录用、培养方面应当重视心理素质的考查和锻炼。

在日本一个月的研修考察，我看到、学到了不少东西。同时，也感到世界各国教育遇到的很多问题是相通的，比如升学考试竞争激烈的问题。日本的学校放学不晚，但是很多学生放学之后又去私塾。本来这些时间学生应当活跃在运动场上，或通过各种活动学会与人交往，可是现实是至少有 $60\%\sim70\%$ 的学生在上私塾。由于经济社会的发展、家庭生活的改善，日本人当时谈得最多的两个教育问题是：学生的厌学问题和欺负人问题。这些也都值得我们警惕。

总之，时代在前进，社会在发展，教育需要不断适应这样的发展变化。一个月的国外研修学习，对我后来做好校长很有帮助。

菲律宾华文督导拾零

张建华

张建华，语文高级教师，1982 年到北京师范大学附属中学工作，1999 年 7 月至 2000 年 4 月在菲律宾做华文督导工作。

1999 年，我受北京师范大学的派遣，到菲律宾共和国督导华校进行华文教育，并参加第三届东南亚华文教育研讨会，为期一年。到今天，十几年过去了，那时的许多事情渐渐淡忘，现在这里拾起几件印象较深的事情写出来与大家分享。

美丽富饶且具有西方色彩的岛国

提起菲律宾，如今的青年人可能对其印象不深。可在 20 世纪六七十年代，她却是与中国交往密切的几个富国之一。尤其是 20 世纪 70 年代垂暮之年的毛泽东礼貌性地亲吻美丽的马科斯总统夫人的镜头深深地留在了中国人的记忆中。

菲律宾是个岛国，有七千多个岛屿。它又是一个移民国家，来自世界各地的移民很多。由于被西班牙殖民统治了三四百年，又被美国殖民统治了一百多年，它还是地处东方的唯一具有西方色彩的国家。这种西方色彩不仅表现在城市建设上、宗教信仰上、政治制度上，更表现在人们的日常生活上，如每日要吃六餐、酷爱篮球运动、电影事业异常发达、消费市场非常繁荣。

菲律宾在"越战"时经济起飞，很快成为亚洲第二经济强国。当时，

与东菲仪仗队合影

台湾人和香港人纷纷移民菲律宾，再加上1949年以前逃难到菲律宾的大陆移民，形成了近千万的华人族群。但这也仅占其全国人口的2%，且多数居住在首都马尼拉。

星罗棋布的华校

在菲律宾首都马尼拉有个华人居住区，就在王彬街附近。方圆两三平方千米的土地上遍布着从幼儿园到大学的几十所华校，其密度比北京的宣武区（现已并入西城区）还大。菲律宾的所谓华校，就是开设华文课程的私立学校。其举办者有华人的宗亲会、同乡会、校友会和华商，也有宗教团体，五花八门，但都和华人有关系。华校也被列入菲律宾教育体系中。我的工作从基本的推广普通话、提倡汉语拼音和简化字开始。再加上我是北京师范大学附属中学第一个派到菲律宾的教师，在那里既无熟人，又无关系，对情况更是一无所知，只能靠自己去观察摸索，以尽快取得当地华人的信任。

感触最深的几个方面

除上述之外，在菲律宾一年所见还有几点感触最深的。

第一，墓地与墓地文化。在马尼拉，我先后参观了华人墓地与美军墓地，深感两种文化的不同。马尼拉的华人墓地据说是世界上最豪华、最热闹的。由于当地华人的保密，迄今菲律宾之外的人还很少有人了解。整个墓地就是一座小城，有许多街道，每座墓室均是一栋别墅式的建筑，里边除墓室之外还有若干餐厅、厨房以及居住休息处，每间房子都装有空调。每到祭奠日，全家族都要到这吃喝热闹一天，平时则由菲佣看护。每座墓室的建筑都豪华气派。当然这里也有骨灰墙，那是给流落异乡的穷困华人预备的。后来，华人社会觉得这里太奢华了，会引起占当地人口绝大多数的土著族群的不满，才决定不对外开放，除亲族外不允许外人参观，更不做宣传，也禁止摄影拍照。我看后，总觉得这些豪华的坟墓免不了一个"俗"字，它们所有加起来，其价值也抵不过那座高耸云天的"菲律宾华侨抗日烈士纪念碑"，因为它是华侨爱国精神的象征。美军墓地则是另一番景象——庄严、肃穆。据说，它埋葬的是所有在太平洋战争中牺牲的美军官兵。墓地很大，来的人很少，因此很静。墓地大门矗立着几块美军参战的大型浮雕。墓地中，在一望无际的绿茵茵的草地上，整齐地排列着十字架，这些十字架的高矮大小完全一致，分不出官阶、地位。我想，这大概就是美国所崇尚的自由平等的精神吧。

第二，乐观的菲律宾人。菲佣以其流利的英语、极高的职业素质而闻名世界，但你想到了吗，这些走出国门的菲佣全部受过高等教育。他们离乡背井，却为国家创造了源源不断的外汇。在马尼拉，基本普及了高等教育，想上大学，只要申请就可以。国立大学的学费很低，普通人也能负担得起。菲律宾人的收入并不高，但非常乐观，又能歌善舞，钱在手中绝不过夜，有钱一定要立即花掉。好在是商品社会，消费的地方有的是。在菲律宾，看不到什么重工业，没有林立的烟囱，但商品却异常丰富，第三产业发达，服务细致周到。政府注重藏富于民，靠消费拉动经济。城市的各个角落都遍布着集游乐、影院、餐饮、健身、博彩、购物于一体的大型商场，里面人流不断，良好的设施、宽敞的空间、适宜的温度，可以让你待上一天，直到花光身上的钱，但不必担心，因为第二天又可以赚钱。菲律宾人天生具有艺术细胞，每到圣诞节，大街小巷、商场广场，到处载歌载舞；在高档住宅区，家家户户都用彩灯装饰庭院、大门及院墙，色彩斑斓，煞是好看；在普通社区，或是举行圣诞彩灯展示，或是举行街头篮球赛，比赛时锣鼓喧天，球场被男女老少层层围住，原来，他们在自娱自乐。人们都用一种很自然的形态生活着。

第三，富裕和谐的华人社会。菲律宾华人虽算不上世界最有钱的，但他们生活的舒适度、幸福感以及浓浓的人情味却是有目共睹的。这里的多数华人有双重国籍，为了更好的生存，他们加入了菲律宾国籍，但手中可能还有美国护照。权衡利弊，他们选择了定居菲律宾。因为这里不仅有他们的事业，更有舒适的生活、传承不衰的习俗和割舍不了的亲情与社会关系。他们有几千平方米的豪宅，更有血浓于水的一脉相连的华人社会。菲律宾的华人社团有上千个，多集中在马尼拉。同乡会、宗亲会、校友会遍地都是，每年都要举办若干次庆典。每到庆典，就要在大饭店摆上几十上百桌，不管相识与否，来者有份，真是三天一小宴、五天一大宴。当地华人还特别好客，常邀你去家中或陪你到当地最有名的饭店一品美味佳肴。他们还特别注重个人的品质修养，如有人行为不端，那就别想在华人社会立足了。华人的生活非常悠闲，做事不慌不忙，没有那么多烦心事，各种社会活动占去了不少时间，在平淡的生活中打发着日子，也许，这就是中国人原本应有的生活状态。

第四，高度重视华文教育。华人社会对华文教育情有独钟，不仅华人社团要办华校，就连几大宗教也要办华校。总之，在华人社会中，上上下下，有钱出钱，有力出力。这里的华校既有开办了百多年的，也有刚开办的，办学不为赚钱，只为提供好的华文教育。当然，华校的质量有高有低，收费也不尽相同，但基本能满足不同层次华人的需求，甚至也满足了非华人的需求。华校校长、老师的地位是平等的，都受聘于董事会，一年一聘。因此，校长对老师的态度非常和蔼，要想办法留住老师，这样才能保住自己的位置。学校鼓励老师长期在本

在碧瑶

校服务，如在本校服务到一定年限会有很高的奖励，我就曾见过奖励豪华轿车的。当然，如果学校人际关系紧张，缺少人情味，老师就会跳槽，反正华校有的是。同乡会、宗亲会每年在教师节时都要给从事华文教育的老师发放一定数量的奖金；给优秀的学生发放数量不菲的奖学金。我在时，听说有一位不留名的华人，每年都要拿出几百万奖励华校的老师和学生。华人社会还常常举办讲座、办培训班、提供免费到中国进修的机会等为华校老师服务。总之，华人社会倾全力办华文教育的精神给我留下了最深刻的印象。

至今留有的遗憾

一年的督导生活转眼就过去了，从刚到时的"举目无亲"到后来的"呼朋唤友"，在异国他乡，我有了熟悉的朋友群体和习惯了的生活。我不仅结交了许多老华人，也结交了许多新华侨。在后来的一些日子里，每到休息日，不是去教会，就是去大学，或是去度假村和乡村别墅。不知不觉中，离别的日子很快就到了。在这时，菲律宾华文教育中心忽然决定，再请我留菲一年，盛情难却，只好答应。接下来便是入境工作检疫，到卫生部面批，一切合格，只等菲律宾移民局的工作签证了。在等待签证的日子里，菲律宾华文教育中心接到了附中的来信，

在碧瑶军事学院

称我的继任者已选好，正整装待发。我只能挥泪和朋友们告别。

回国的十多年中，我时常梦见菲律宾的人、菲律宾的事，梦见马尼拉湾停泊的巨轮，梦见日落大道灿烂的阳光，梦见马卡迪繁华的街市，梦见王彬街熙熙攘攘的人群，梦见黎刹广场高耸的雕像，梦见大雅苔绿色的屏障。

十多年来最大的愿望，就是再回去看看。无奈退休前工作繁忙，退休后除了社会工作外，还要在几所学校奔波，愿望始终没能实现。但愿在今后的日子里，不要让愿望变成遗憾。

小红点新加坡

梁原草

梁原草，语文高级教师，1988 年到北京师范大学附属中学工作，2000 年 1 月至 2004 年 2 月受新加坡教育部聘请，在新加坡做中文教学工作。

新加坡是东南亚的一个岛国，也是一个城市国家，位于马来半岛南端，毗邻马六甲海峡南口，其南面隔新加坡海峡与印度尼西亚相望，北面隔柔佛海峡与马来西亚相邻，并以长堤相连于新马两岸之间。新加坡国土面积只有六百多平方千米，算得上是一个袖珍小国，被戏称为地图上的小红点，但它却是亚洲最重要的金融、服务和航运中心之一。新加坡在城市环境建设方面也效果显著，有"花园城市"之美称。笔者于 2000～2004 年受新加坡教育部聘请，先后在南洋初级学院和新加坡管理学院开放大学任讲师，在那里工作整整四年，应该说对这个国家有了初步的了解，愿意与读者分享一些个人的见闻和看法。

新加坡——华人创造的奇迹

华人(中国人)嘛，创造点奇迹本也不算奇怪，长城、故宫、四大发明，奇迹多了。30 年以来，中国人改革开放，其成就也堪称奇迹。但由此上溯到 1840 年，这期间，中国东南沿海，主要是福建、广东一带失去土地的农民和一些比较胆大的渔民，摇着小船，随波逐流，九死一生，漂流到一个叫新加坡的小岛上。许多年后，在一个受过良好

新加坡樟宜机场

教育的青年李光耀的带领下，这群衣衫褴褛的华人，竟在这个小岛上建立起一个花园般的富裕国家。这真是东方不亮西方亮，失之神州收之南洋。须知，这个名叫新加坡的小岛，几乎没有任何资源，就连人类生存所需的食物、淡水、电力等都要依赖进口。但如今，新加坡的人均收入、投资环境、政府效率、土地平均面积所创造的价值、全球竞争力、国际化程度等指标，均排在世界前几位，整个国家的建设布局乃至环境设计，都像是出自严谨的电脑程序，精巧而又规范。用新加坡人自己的话说，他们成功进入了"第一世界"。这不能不说是华人创造的奇迹。

奇迹还不只在经济方面。新加坡被称为"花园之国""东方的瑞士"，以环境的干净、整洁、优雅著称。环境的干净、整洁、优雅依赖于人的干净、整洁、优雅。新加坡成功地改造了中国人随地吐痰、乱扔废弃物、大声喧哗、不守秩序等号称"天人合一"的陋习和痼疾，这一点至今让人觉得不可思议，比经济建设成就更了不起。他们把厕所整得比卧室还干净，把厨房布置得像工艺品陈列室。他们把整个国家种满了绿树，把所有的过街天桥都用鲜花装饰了起来。他们把老旧的汽车也擦得铮亮。他们排队，他们礼让，他们循规矩，他们重然诺。在新加坡，无论是在政府部门还是在饭馆、商店，或者是乘坐"德士"，你若是遗忘贵重物品、丢失金银细软，你竟然可以不失掉希望！事后悟过来或多日后回忆起来，前去寻找查问，一般都能完璧归赵。而且，这种情况不是偶然的、个别的，而是经常的、普遍的。有人说这是仓廪实而知礼节，我不能完全同意。这只能说是奇迹。写到这里，想起中国人在拿自己国家和西方发达国家比较时，总爱说：人家发展了几百年上千年，我们才区区几十年。这种论调实在普遍，也实在奇怪。据我有限的历史知识，中国直到明朝末期，GDP 占世界 1/4 还多呢。就说几十年吧，新加坡才真正是几十年，人家已经"第一世界"了！诚然，新加坡小。中国的一个县、一个乡、一个村小不小？

教育的得与失

新加坡政府和人民是很为自己国家的教育自豪的。他们可能已经是亚洲的什么什么中心（比如金融中心、航运中心、医疗中心等）了，他们仍发誓要让新加坡成为亚洲的教育中心。写作此文时正好看到《泰晤士报（高等教育特辑）》新设的"全球大学声誉排行榜"（World Reputation Rankings）出炉，新加坡就两所综合大学，但均跻身前 100 名，新加坡国立大学甚至排名第 27（亚洲排名第 3，仅在东京大学和京都大学之后）。在这个排行榜中，中国排名最靠前的是清华大学，排在第 35 位。

其实，新加坡政府打造亚洲教育中心，重点还是放在基础教育上。据说，新加坡政府的预算投入，最多的是国防，其次就是基础教育；新加坡华人也秉持中华文化传统，万般皆下品，唯有读书高。有了钱，又重视读书，教育当然就普及而"均衡"。他们早已实现了 12 年义务教育。

新加坡的教育似乎决定了新加坡的国家管理模式。新加坡作为一个岛国，人口不算多，目前好像是四百多万，而决定着这四百多万人命运的，乃是极少数精英。因此，新加坡的学校极端重视英才教育。

从小学起，国家就开始从学生中物色、遴选、栽培未来的治国人才。到了高中毕业，国家会以各种奖学金的名义跟学业成绩优秀、领导才能出众的学生签约，把他们送到欧美名牌大学深造。奖学金名目众多且奖金丰厚，但条件也很严苛，那就是学成后必须回国为国家服务。如果违约不归，学生家庭必须支付巨额赔偿金。应该说，新加坡的教育也不是能够培养出杰出人才的教育，但国家利用将"英才"送往海外深造的办法，还是最大限度地保证了政府工作人员的高素质，从而保证了国家管理的先进性和高效率。

新加坡滨海艺术中心

新加坡的教育实质上跟中国一样，搞的还是应试教育，从小学到高中，重成绩，重竞赛，分数是硬道理。由于一流人才学法律学医学，二流人才学商科学工程，三流人才才学教育当老师，新加坡的应试教育的名头还是不如中国响亮。虽然说中国也基本如此，但毕竟是泱泱大国，教师中不乏一流人才中的漏网之鱼，因此新加坡教师的应试教育功夫远没有中国教师来得精湛。新加坡教师基本没有"教研"这一说，也基本不写论文，老师教得浅，学生学得也浅。各学校乃至全国，每年考获前几名的，多数是中国去的插班生；夺得国际奥林匹克什么竞赛的牌子的，也大都有在中国受教育的背景（但他们还是要在报纸电视上大张旗鼓地宣传很久），绝大多数教练也是从中国挖去的。

可能因为应试教育基本功不过硬，也因为他们的教育制度基本照搬西方，就给素质教育留下了一点余地——我以为，这正是新加坡教育优于中国教育的地方。比如，他们一所高中学校的学生社团能达到几十个上百个，且个个都是正规军，有带队老师，有外请教练，有管理的组织机构，有固定的活动时间。每个学生都至少属于一个社团，每个老师都至少负责一个社团，每个星期至少有半天时间专门用来进行社团活动，这还不包括若干天正课后的社团活动时间。我敢说，如果是纯粹的学校对学校的比赛，则无论足篮排还是乒羽网，中国可能没有一所学校是新加坡学校的对手——那些替国家或省市养着专业队的学校不在此列。又比如，他们的爱心教育、劳动教育、国防教育、种族和谐教育（新加坡是多元种族国家，华人之外还有马来族、印度族、欧洲人后裔等），都做得相当普及、相当实在、相当有效果，而且都是家常便饭、全员参与的，是没有哪个媒体会当新闻去报道的。都是华人，新加坡有慈善事业而中国只有陈光标式的慈善（差距咋就那么大呢），根源也许就在不同的教育中。

新加坡的教育还有一项是中国望尘莫及的，那就是对学生的基础文明教育。这方面，似乎我到过的国家都做得比较好。

自负而又自卑的新加坡人

写《小红点新加坡》就不能不写新加坡人。用自负而又自卑来做题目，有点标题党的味道——比如，还可以写简单又快乐、热情又善良、刻板又僵化、谨慎又听话等诸如此类的标题，而且这些方面真是新加坡人非常突出的性格特征和行为特征。但是，写那些都不算牵住了新加坡人的"牛鼻子"。想来想去，要一言以蔽之，只能是：自负而又自卑的新加坡人。

新加坡人自负，原因还是比较好理解的。他们富裕，他们的国家漂亮，他们没有一滴石油却有世界最大还是第二大的炼油中心，他们的机场年年被评为世界第一，他们港口的吞吐量早就超了鹿特丹，他们的军队人数虽少但武器先进，几乎是美国有什么他们就有什么。还有上面提到的那么多的世界前几名，这中心那中心。他们国家小，只要旅游就不得不出国，因此，新加坡几乎全国人民都出国旅游过——这就见过了世面，开了眼界。它的男性公民人人都得把当兵作为人生经历，许多国家的男人可能就缺少这一条。它是英联邦成员，国家的基本制度都是英国人留下的，它的学生初高中拿的就是"O" Level，"A" Level 文凭，留学英国、澳大利亚、美国、加拿大等国家，跟在本国上大学一样容易。它实行双语制，每个人都基本会讲两种语言，而且，其中一种还是英语！它在地缘政治上完全倒向美国，视美国为靠山，一副有恃无恐的派头，在国际事务中常有居高临下、颐指气使的言行……因此它的国民习惯于以"第一世界"自居，陶醉于"我们的自来水拧开水龙头就能喝"，对于比他们大的国家，一般人都会脱口而出：撒哈拉沙漠大不大？甚而至于常常不无得意地传讲这类故事：某某国家人对我们新加坡羡慕不已神往不已，说我们新加坡干净极了，冰激凌掉在地上捡起来还能吃……这种自负情绪使得新加坡年轻人不大看得起别的国家，特别是比他们贫穷的国家，在与人交往中显得简单和缺乏深度，有时甚至他们的个别领导人也会在不经意间发表得意而短视的言论。

自卑与自负本是一体两面的东西，真正的自信与主动从不以自负的方式表现出来。新加坡人"怕输"的集体无意识，民间对外来专业人士甚至客工表现出的强烈排斥和轻视，都能让人感到他们缺乏底气，缺乏真正的从容。国土狭小、资源匮乏、文化的失根与语言的夹生、周边国家宗教环境的包围、"近亲"繁殖导致的人种退化等，都使得新加坡人身上带有明显的岛民意识。幸而他们的精英阶层整体是清醒的、睿智的，他们不断引导国民秉持一种多元、包容、融合的理念，

过街桥上与儿子一起

而且在政策上强力推行，才使得国家始终保有发展的活力。

严刑峻法、高效廉洁

新加坡的发展留给世界一种"新加坡模式"，基本特点就是政治上一党专政，经济上繁荣发展，政府高效廉洁。严刑峻法加上高效廉洁，新加坡在这方面国际知名度相当高。高薪养廉、不准吃口香糖、用藤条狠揍美国坏小子，差不多全世界都知道。他们的领导人甚至有些抱怨世界对他们国家形象的认识，认为过多地看到了冷酷无情的一面。这种抱怨不无道理，因为在另一面，确实也存在较浓的人情味，例如因美国总统求情，新加坡还是给那个乱刻乱画的美国青年减少了一鞭。但严刑峻法的那种"精神"确乎是无处不在的，有时甚至谨严到刻板的地步。

说四个印象深刻的故事。

第一个故事。初到新加坡时，中国电脑尚不普及，我与国内的联系有时还要借助传统的书信方式。上班第一天，系主任分给我一些信笺和白纸，供办公之用。我非常自然地在办公之余拿它们给国内的亲朋写信。同事看见，立刻问我是给学生家长写呢还是给中国写。我说给中国写。同事就很吃惊，说趁系主任没看见，赶紧去买私用的信纸，不然就麻烦了。我以为是小题大做吓唬我这外来者，于是漫应之曰马上去买而实际迟迟未去。果然，系主任来找我了，非常严肃，不像是吓唬：恕我无知但下不为例，否则事情可以大到我无法想象的程度。

第二个故事。有一次，我用办公室墙上的电源插孔给我自己的手机充电，同事看见也是大惊失色地让我快拔出来，说是"不可以"，那个电源只能用来给办公用电脑充电。这有什么呀，我的天。但是，这里是新加坡，在中国再正常不过的事，这里就是"不可以"。

第三个故事。我在教学中，时常复印当地《联合早报》上的文章发给学生，从没想过会有什么问题。一次恰好被系主任看到，就问我办过手续没有。我奇怪，这要办什么手续呀？系主任一听觉得坏了，立刻问我印过几次，都是哪一天的文章，多少字数，作者是谁。然后立刻给报社打电话，一一征得作者同意并补交费用。这几件事真是让我开了眼界，让我理解了什么是真正的法治社会，理解了新加坡为什么能够在短时期内成为富裕文明、秩序井然的社会。

下面说第四个故事。一天，我上班途经社区内的一座小桥，桥下是新加坡随处可见的那种排水沟。一个许是住在该社区的居民立在桥上叫住我，说他闻到排水沟里有泥腥味，让我也闻闻，给证实一下。如果我也说有，他就要给卫生部长打电话。我说好像有，就赶着上班离开了。下午3点多，当我下班又走过这座小桥时，看到排水沟里的淤泥已被清除，而且用水冲洗得很干净，闻不到泥腥味了。这件事让我感慨不已：多大点事啊，说给部长打电话就打电话？就算打通了电话，卫生部长管这类小事吗？就算管，卫生部长还要找人研究啊，研究完了还要看能不能找到施工队呀，找到了还要看施工队何时有时间啊……怎么说解决就解决了呢?!

　　在新加坡，这样的故事可是多得很呐。据说，改革开放以来有数万名中国各级干部到新加坡考察学习。对后者，我曾很不以为然；现在想想，你不服不行。

广岛生活琐忆

杨文清

杨文清，物理高级教师，1996 年到北京师范大学附属中学工作，2000 年 6 月至 2001 年 2 月在日本研究学习。

记得那是 10 年前，也就是日本的平成十二年，我有幸在学校安排下前往日本度过了一段将近一年的海外研修生活。我学习的地方位于日本南部的广岛大学，广岛在世界上很有名，多半是由于当年美国投放了原子弹的缘故。

广岛大学位于广岛市东部距离市区约三十多千米的东广岛，建立在景色优美的山林之中。由于这里距离海边并不遥远，海洋性气候的影响十分显著，山上植被丰富，到处都是苍翠的绿色。由于纬度原因，到了冬季，这里一般最冷也就在零摄氏度左右。这儿的山都不高，广岛大学就被这些小山环绕着。广岛大学周围并没有围墙，而是开放式的，人们可以随意出入。若不是有一个写有"广岛大学"的几十米高的大圆柱存在，很难让人想到这是一所大学。

我的研修学习生活主要是在这里度过的。每天从我的住地前往大学都要走七八里山路，我大多数时间在教育学部的物理学研究室学习。我的导师德永先生是一位治学认真的物理学教授，在此期间我和一名来自缅甸的研修生一起接受他的指导，在他的指导下，我进行了一些物理实验的深入研究，诸如 X 光的衍射分析，同时还多次参观了广岛大学附属高等学校，并深入课堂了解他们的实际上课情景。在广岛的这八九个月时间里，我先完成了两个月的语言学习，掌握了简单

做日语演讲

的日语，为生活和工作奠定了基础，接下来在广岛大学进行了专业研修。

在研修生活结束的时候，我感触很深，不仅仅在自己的专业上有所进步，而且对日本教育的很多方面有了更加深入的认识。期间有几件事至今还清楚地展现在我的眼前。

我去广岛大学附属高等学校学习的那段日子，亲历了日本中学生参加物理学习的过程。在日本，一般学习物理的学生也像我们国内一样被称做理科生，在他们那里很多学生一提起物理来也会说"木资卡西"（难学），但在学生的探究上老师会花很多的时间。一次，学生在做一个"决定摩擦力的因素有哪些"的实验时，记得当时的物理教师藤田就很有办法。他先是介绍了要探究的内容、实验桌上所提供的各种器材，而后便让学生自己来操作。当然有的学生正确使用了定滑轮，在静摩擦变成动摩擦的过程中准确操作测出了相应的结果，更多的学生则是使用了各种各样的不太合适的方法和手段。老师并没有马上结束学生的工作，而是让各组发言展现各自的成果，鼓励其他学生向他们质疑，在实在解释不了的情况下，老师才给出令人信服的解释，但最后还是由同学亲自总结归纳出正确的方法。原本我以为课就上到此为止，时间正好也没有了，可没想到藤田老师第二天上课的时候依然是这个内容，每个小组认真地按照正确的操作完成了实验并且讨论出合理的结果。当时刚刚工作三四年的我感触很深，现在想起来，这不正是让学生一步步体会研究的过程最终达到对科学的领悟的效果吗？这对我在后来的教学活动中，努力使自己的学生体会学习、研究的过程有很大的启示。参观这所学校的校园使我对日本的中学教育有了更加真实的体验，他们的学生生活非常丰富，不仅有科学和人文方面的学习，还有家政和社会工作方面的培养。学校可以教你做饭、演奏各种乐器以及学习日本的传统茶道、花道等，这和我们的选修课很相似。除了教授知识、教授才艺，学校对人格素质的全面培养处处也都能显示出来。

谈到"礼貌"和"节约"，下面的情景立刻又浮现在我的眼前。

刚到日本十来天，我们整个研修组的成员被分配给不同的家庭做家庭体验（homestay，就是到日本人家里生活几天，体会他们的日常生活）。我到的这家有五口人，爸爸、妈妈和三个小孩，这家人姓佐伯，在这里我不仅仅过了三天日本人的普通生活，还真切地感受到了日本的家庭教育，早餐的时候我们六个人在家用饭，每人一份自己吃自己的。出于礼貌，在结束早餐后，我将自己和三岁小女儿的盘子送到洗碗池里，意想不到的事发生了，男主人将小姑娘的餐具拿回饭桌让她自己送过去，这个只有三岁的小姑娘慢慢地将自己的餐具拿到正在水池边洗碗的妈妈那里，而后深鞠一躬说"谢谢您，辛苦了"。我没有看出小女孩有任何不高兴的表情，这仅仅是一个三岁的小孩儿……我不由得感慨为什么日本的礼节会处处皆是。

早期的教育不仅仅体现在家庭中，对孩子的全面培养在小学校里也处处可见。在日期间我参观了不少小学，很多学校都在显要的位置挂放了爱惜粮食的宣传图片。记得我所居住的广岛协力中心（HIP）旁

在广岛市

边就是西条小学校，那里的宣传图片上有两张图，碗筷几乎一样，所不同的是一幅图中的碗筷上还沾着大约几十粒米饭，而另一幅则米粒全无，旁边配着清晰的文字说明。小学生们也是这样做的，每个人都将自己的饭吃得精光。后来，我在广岛大学学习的那段日子也亲眼目睹了食堂里的情景。在我国，食堂一般都会有泔水缸（统一倒剩菜剩饭的地方），在广岛大学食堂里也有类似的大桶，但里面几乎看不到剩饭剩菜，我想这一方面与饭菜分量的细分有关（分为"大份、中份、小份、迷你"四种规格），另一方面也与日本国民从小接受的教育有关。

　　和我在一个研究室的缅甸同学也深深感受到了这些不同，在日本，垃圾分类回收是理所当然的，没有人用钱收购，不像国内易拉罐一毛一个……而所有人在日本从小就接受了这样的教育，认为一切就应该是这样。因此，在日本，无论是东京、大阪、京都这样的大城市，还是像我居住的西条小镇和镜山目这样的小地方，街道处处都是整齐干净卫生有序，只是楼的新旧、多少、高低，路的宽窄、长短不同而已。

　　我到日本的这多半年除了在业务上有一定收获外，还零距离地体验到了日本教育的从小做起、从细微做起。我把这些经验方法带回了国内，在近十年的教育活动中尽力用其中积极的、有益的部分来影响我身边的学生。相信在不久的将来，我们的国家不仅会在经济、国力上壮大，而且国民的素质也会有很大进步。我所想到的都是些细微的地方，但正是这些细微的地方给我留下了深深的回忆，以至于十年后我还记忆犹新。

华文督导在菲律宾

戴凤春

戴凤春，语文高级教师，1982年到北京师范大学附属中学工作，2000年7月至2001年4月在菲律宾做华文督导工作。

2000年7月到2001年4月，我受菲律宾晋江同乡总会（Philippine Jinjiang General Association）邀请，在马尼拉中西学院（Philippine Tong Se Academy）、能仁中学（Philippine Academy of Sakya），计顺市普济学院（Philippine Buddhacare Academy）、基立学院（Jubilee Christian Academy），北黎刹育仁中学（Northern Rieal Yorklin School)担任华文教学督导，其间接触到一些人和事，留给我许多深刻印象。

做华侨还是做菲律宾人

华人最恋家，故土情结最深厚，这从世界各地只要有华人聚集地就会有"中国城"就可以看出，其实英国、美国移居国外的人也不少，但我们从来没听说有什么"英国城""美国城"的。菲律宾华人也如此，老华侨都有着比较浓厚的故国情结。菲律宾华商首富陈永栽把他在大陆读书时小学老师的儿子接到马尼拉，专门为他和儿子、儿媳、女儿、女婿补习汉语和普通话。晋江总会的董光溪、曾铁生等人也多次谈到聘请大陆教师到菲律宾会是他们长期坚持下去的工作。福建总商会的会长曾因为自己的孩子说不好普通话而痛心疾首。过去，由于我们

在欢迎会上讲话

"左"的对外政策和当地的民族主义情绪,东南亚许多国家曾经发生过严重的排华事件。菲律宾华人回顾说,当年从印度尼西亚逃到菲律宾马尼拉的华人,许多人的财产就只剩下一双拖鞋和一条短裤,而且印度尼西亚把学习华文定为非法,甚至取消华人姓氏。菲律宾对华人要好些,但是华文也只是选修课,每天授课时间不能超过正规课时的1/3,并且开展"归化运动",鼓励华人放弃华侨身份,加入菲律宾国籍,但是众多的老华侨还是坚持自己的华侨身份,宁可每年到移民署去登记。菲律宾规定非菲籍人员不能搞零售业,许多老华侨的商店登记的都是自己菲律宾太太的名字,为此也遭遇过财产纠纷,但是他们还是坚持做华侨而不做菲律宾人。随着中国实力的增强和对外关系的改善,菲律宾华校的生存环境得到了极大的改善,菲律宾教育部也设立了华校管理的机构,但是十多年对华文教学的限制,使菲律宾的华文教育受到了很大的影响,新移民,老华人的第二代、第三代的华文水平越来越低，合格的华文教师越来越难找，他们现在都聘请厦门大学的毕业生到菲律宾教华文，但是办工作签证的难度很大，因为菲律宾也是人口过剩。

本来学习华文应当用普通话，可是当地华人后代平时交往都用菲律宾语（我们翻译为"大家乐"语），和家里人交流用闽南语，用不上普通话。因此华校学生的普通话讲得极差，老师不得不用闽南话教学，而厦门大学的大学生到那里教学有语言优势，北京老师就差些。然而不管华文在菲律宾境遇如何，也不管菲律宾经济景气与否、华人收入是否锐减，菲律宾的华人只要有可能，还是会送孩子到华校读书。

形形色色的华校和华校校长、老师

菲律宾的华校都是私立学校，办学校的有商会、同乡会、寺庙、教会。我做督导的五所学校，中西学院、育仁中学是商会办的，能仁中学、普济学院是寺庙办的，基立学院是教会办的。

中西学院的历史最悠久，建校于 1899 年（光绪二十五年），但是由于校内矛盾重重，最近几年是每况愈下。我在的时候，从幼稚园到高中有三百多学生。学校的许多教育资源闲置，特别是菲律宾经济衰退，华人经济情况不好，学校学费高昂，更影响生源。

育仁中学要好些，校长姚贻发原先是中正学院的教务主任，应该说很会处理人事关系。在他的努力下，育仁中学完成了教学楼的修建，在菲律宾华校中，这算是件大事。

能仁中学的校长是马尼拉大乘信愿寺带发修行的女修士梁崇诚，她为人十分谦和，许多人称她是女菩萨。中国前任驻马尼拉参赞的夫人林宜女士在她的学校担任华文部主任。学校设立了佛学课，由信愿寺的僧人主讲。学校经常救济附近贫苦的居民，计顺市垃圾山倒塌，压死了 200 多贫民，能仁中学曾组织教师去慰问，并且送去了大米和衣物。我到能仁中学做督导是梁崇诚校长主动要求的。能仁的教学以数学最具特色，自编了课本，数学会考成绩在华校中总是名列前茅。

学校还很注重文体教育，学生曾夺得 2000 年全菲华人演唱大赛的第三名。

普济学院是所开办不久的学校，校长蔡黎莎是硕士，虔心佛教，但是学校并没有设立佛学课，而是在放学前集体念诵佛学祷告词。这所学校的教师有当地华侨的后人，也有来自新加坡的华侨，还有来自中国的教师。因此学校老师的教学方法多种多样，华语教学中有的老师采用卡片法，有的采用表演法，有的老师用繁体字，有的老师用简化字。我在普济做督导的时候，她主动要求我在中午教师休息的时候办培训班，并亲自带头参加。学校每星期有一次义诊，给附近穷人免费看病发药，因此在菲律宾居民中声望很不错。菲律宾人多数信仰天主教或基督教，但是在普济附近的居民对佛教也很尊重。蔡校长比较年轻，思想开放，对教师管束很少，大家可以各展所长，学校的杨惠金老师把表演引入华文课，效果不错，我在晋江同乡总会举办的讲习班上予以表扬，他们都很高兴。蔡黎莎和她的妹妹都获得了全菲优秀华校校长的奖励，奖金 100000 比索(piso，这个奖每年评选一次，校长奖励 100000 比索，教师奖励 10000 比索，奖金由宿务华商"无名氏"提供)。

基立学院的校长王雪清是留美博士，这在菲律宾是很少见的，她主持制定了学校的许多管理条例，还邀请我参与修订，为人很谦虚。中文部主任欧阳琬瑜和龙明珍工作都很认真。基立学院在我们的建议下要举办中国文化周，我和欧阳商量，提出了许多口号，比如"中国首都是北京""中国长城是世界七大奇迹之一"等，我还建议在文化周开幕时可以升中国国旗，播放中国国歌，可以举办介绍中国的图片展。他们说没有中国国旗，也没有中国的图片。我就和中国驻马尼拉文化参赞处联系，请他们支持，文化参赞处一口答应，说我们需要什么都可以到参赞处去拿。但是最终学校还是以东西不好保存、怕丢失或者损坏没法交代而谢绝了我们的努力，口号也只保留了"学会普通话，走遍天下都不怕"等几条。

此外，比较有名的还有菲律宾华侨中学(Philippine Chinese High

School），现改名为菲律宾侨中学院。其学校大力改革，率先建立了教师福利基金，基金筹款达到两千万元。紧接着在董事会、校友会和社会热心人士的支持下，又建立了多种基金，用于教师培训、教师奖励、助学金、增加教学设备等。1989年正式建立了"菲律宾侨中学院教育基金会"。1990年开始，侨中学院开始着手编写一部用于菲律宾当地华文教学的教材，在中国专家的帮助下，目前，配套的教材已经全部编完，这是海外华人编写的首套华文教材，产生了很大影响。1991年，侨中学院发起组织了"菲律宾华文教育研究中心"，目前研究中心已经成为菲律宾华校组织教学讲座、编辑教材、出版书刊、组织华校师生到中国进修和参观学习的重要组织。学校还参加了菲律宾大专院校鉴定协会，被评定为二级优等学校。经过数十年艰苦奋斗，侨中学院总校和分校都已经建成了生理化实验室、视听教室、语言教室、电脑室、家政室、健身房等设施，学生达4500人，教职工380余人。现任校长颜长城先生不但在菲律宾华校校长中有很高威望，而且在东南亚地区也相当有影响。

还有光泩纪念学校，他们坚持为贫民办学的宗旨，坚持不涨学费，老师每月工资只有4000比索。杨光泩曾是中国驻菲大使，第二次世界大战日本占领马尼拉时，把他和使馆的8位工作人员及马尼拉几个华人领袖全部杀害了，战争中杀害交战国外交官，日本是唯一的国家。现在，马尼拉华人义山竖立着纪念碑，中国追认杨光泩为烈士。光泩纪念学校校长李丽娟继承丈夫陈敦贞遗志，克服困难坚持办学，我在的时候，八十多岁的老人腿摔坏了，又把责任交给了她的儿子。

还有近南学校校长施玉梅，七十多岁了，腿骨骨折后只休息了一个多月就回学校上班了，她不是缺钱，她家开着好儿家工厂，而是放不下学校的工作。我们到她家去探望，她还叮嘱我们，学校参加晋江同乡总会举办的讲习班的名单早就报上去了，到时候不要漏掉他们学校。还有陈李锦英嬷嬷，以一个女人的力量办起了基督教灵惠学校（Grace Christian High School），她去世后由儿子陈洪涛接替母亲。还有棉兰佬岛的密三密斯中学，菲律宾华校的人称之为菲律宾的"解放区"，该校是唯一一所用简化字和汉语拼音教学的学校，每年 10 月 1日都会升中国国旗，放送中国国歌，其前任校长就是我在菲律宾时华教研究中心的主任黄端铭。菲律宾华校都是私立的，都面临经费问题。在菲律宾华校联合会的大会上，我讲了如何当一个好校长的问题，中山学校的校长陈金灿当时就问，国内校长如何解决经费问题。当时国内的许多校长也要用很大的精力抓钱，不然老师的福利、学校的改造都会遇到问题。看来国家的投入直接影响着教育的发展，如果把教育搞成产业，教育就完蛋了。

华人心中的华校不仅是教育机构

在海外华人心中，学习华文绝不是学习文化这么简单，我接触到的所有华商，都讲华文教育很重要，是传承中国文化的重要工具。商总是商人组织，但是却设立文教部，晋江同乡总会也有文教委员，各宗亲会也都有专门负责教育的人员。每年教师节，宗亲总会要表彰华文教师，各宗亲会也都会表彰本族中学习优秀的后代，给本族担任教师的人发红包。

每年，商总和华教中心都会组织教师到中国进修，陈永栽先生多次提供所需的一切费用，后来中国大使馆也免除了参加进修的教师的签证费。我参加了菲律宾华校联合会组织的交流会，陈永栽亲自出席，当时他刚收购菲律宾航空公司不久。在他们心中，抓教育是传承中华文明的大事。

每年晋江同乡总会都会利用国内教师到菲律宾督导的机会组织华文教学讲习班，我在的时候也举办了，开班时间是 2001 年 1 月 13 日，星期六。那次有五百余人报名参加，其中不乏多年从事华语教学的老教师，许多学校都是校长亲自带队。以后每周一次，安排在周六，一直持续到 2 月 17 日。而那时菲律宾政局不稳，埃斯特拉达面临下台，由于罢工和游行，有的学校不得不停课。讲习班举办第二讲的那天，正赶上菲律宾反对派大游行，政局动荡，道路阻塞，但是到会场参加学习的老师还是超过了四百人，不光是马尼拉的，远在丹辘、红溪礼士等地的教师也不辞劳累，远道赶到会场。大家的学习热情让我也很感动。后来我在《世界日报》上写文章《有感于晋总举办讲习班》，说："……（晋总举办讲习班让我）首先深感炎黄子孙血浓于水的深情，古老而悠久的历史文化传统形成了一条紧紧把华夏儿女联系在一起的纽带……其次是深感菲律宾华校教师高涨的学习热情。此次讲习班都在星期六举办，参加学习就意味着牺牲休息时间，但仍有五百余名教师报名参加。即使是 1 月 20 日的讲座（那一天反对派组织了全国总罢工，全国大游行，交通基本瘫痪），参加者也在四百人左右，其中还有马尼拉之外的教师……第三是讲习班充满浓浓的改革气息……晋总的讲习班使我感觉到菲律宾华文教育强有力的脉搏。农历已过立春，正是遥远的中国进入春天的时节。我相信，菲律宾华文教育的春天，很快也会到来。"

日本见闻

刘莉娟

刘莉娟，化学高级教师，1997 年到北京师范大学附属中学工作，2001 年 6 月至 2002 年 2 月在日本研修。

2001 年，学校派我去日本广岛大学理科学部进修。在日本为期 8 个月的研修生活中，随着对日本的了解一点点地深入，我越来越感觉到拓展视野对一个教师的重要性。进入新的环境，了解不同国家的人

在广岛大学校园

文素养、国家建设、教育水平，更有利于教师提高自身的教育教学水平。

日本是一个岛国，人口众多，资源匮乏。也许正因为深刻认识到这一点，日本国民对资源特别珍惜，尽量使其发挥最大的效用。长期以来，社会各界对垃圾回收利用十分重视。几乎所有家庭的门后都贴有垃圾分类图。生活垃圾分类是家庭生活的自觉行为，母亲会手把手教下一代从小做起，这使生活在日本的外国人也更加重视对环境的保护和对资源的珍惜。在日本，令人感触很深的就是整洁的人居环境，街道上很少见到垃圾。每逢节假日或者日本的一些传统的庆祝活动，都可以看到志愿者自发地组织清理街道上的废弃物，维护公共环境卫生。

日本人的礼貌与体贴、服务行业从业人员的热情态度让人感觉宾至如归，礼节在这个国度被重视与发挥到极致。良好的国民素质源于家庭教育、学校教育和社会影响。大部分日本人对中国和中国人都非常友好，日本各地的日中友好协会经常组织各种活动，通过这些活动促进中国人和日本人的交流。"homestay"就是其中的一种形式。所谓homestay，是一个促进留学生认识和了解日本百姓生活的活动，面向中国留学生的通常由日中友好协会和其他各个县市的日中友好团体组织。我参加"homestay"去的家庭是一对非常年轻的夫妇，他们虽然住在简易的小公寓里，但经常利用自己的假期接待参加homestay活动的外国人，还带我去他们父母家穿着日本传统浴衣看烟花、吃自己制作的传统食品、过日本人的传统节日。虽然语言交流有障碍，但我仍能深深感受到他们的热情。日本家庭大多很重视传统，社区活动很频繁，无论大小节日，都会按照传统进行。记得过新年的时候，宿舍周围的超市、商场都会因为员工要回家与家人团聚而歇业两三天。和日本平民的接触，让我更多地体验到了日本良好的国民素质和温馨的家庭氛围，这些应该都是跟生活中的家庭教育、社会教育分不开的。

在日本进修期间，我多次去小学、中学参观，以下几点让我感触很深。

参加社区义卖活动，义卖饺子

无处不在的文明礼仪、传统文化教育

日本的礼仪教育无处不在，在学校中更是明显，学生不仅见到老师要行礼问好，见到学长也同样要非常尊重。在语言方面更是要求使用敬语，老师之间、家长之间、学生与老师、家长之间交流时都会使用敬语，形成了良好的文明礼仪教育大环境，在孩子的成长过程中起到了良好的教育作用。这让我体会到教育环境的重要性，耳濡目染比说教更有力。

对于东方文化的传承，日本的茶道体现的是一种"道"的精神。与中国的茶艺注重茶叶与用具不同，日本茶道更多的是体现一种美感，使人心情愉悦。我参加过很多次茶道课。穿着休闲的服装，看着穿着传统服装的茶道师有条不紊地把现代与传统如此完美地融合在一起，

参观社区活动

我不仅很感动，而且感到平和而温馨。

强调创新教育，培养团队合作精神

区别于中国国内填鸭式的应试教育，日本的教育强调创新品质的培养，其体系有利于思维的自由发散。在中学就有很多社团活动，并且多由学生自己组织、设计活动，从小就注重培养学生的独立自主能力与团队合作精神。

比如日本很有名的节目叫"小鸡，变！变！变！"，就是一个群众性的创新游戏，它由群众自己设计、编排、表演生活中很常见的一个情境，有创意的、最像的可以得到奖金，参与性非常强，内容也越来越有新意，有的是全家参与，有的是邻居、朋友参与，最多的有三四十名大人和孩子一起参与，对孩子的创新意识的培养有很好的影响。

注重生活体验，培养吃苦耐劳的精神

日本的初等教育负担不重，多注重生活的体验与个人品质的提高，学生学得很轻松。在学校教育课程中，体验课程占据了很大的空

参观日本特色建筑

间，插花、茶道、家政、学农、园艺、实习、野营、研学旅行等活动都不是在走形式，而是认真地进行，期望通过体验让学生更多地了解生活，更期望通过一些艰苦的体验培养学生吃苦耐劳的精神。

西方文化的深度影响与东方文化的执著保存，形成了日本这个国家的文化。中日关系要更和谐、更友好地发展，我个人认为交流很关键，不交流，就不会有沟通，没有沟通，就难以友好起来。还是非常希望两国的人民能够更客观地看待彼此，深入发展两国关系，真正实现中日世代友好。

英国之行杂感

周　亚

周亚，英语高级教师，1999年到北京师范大学附属中学工作，2001年9月至2002年7月在英国工作。

岁月如梭，异国他乡的那段记忆，因尘封已久，很有些模糊了。但它真的模糊了吗？轻轻掸去那层时光的尘土，它却又变得如此清晰。曾经的一切，或喜或悲，或怒或烦，或爱或厌，一幕幕在脑海间掠过，蓦然间，我觉得自己又回到了过去。

初到英国

经过十几个小时的飞行，我终于推着大包小包的行李走出希思罗（Heathrow）机场。在嘈嘈杂杂的人群中，我很快发现了一位瘦高个、满头金发的女士举着写有我汉语拼音名字的牌子在那儿翘首以待。我迎上去，她很热情地跟我握了握手，简单地互相介绍后，我们就上了她的车。一路上，她一边娴熟地驾驶车，一边关心地询问我旅途的情况。我突然感觉自己似乎还在北京的机场路上，但全英文的路标和耳边听到的英语又让我明白，我已经到了我期待已久的英国。

暮色降临，我终于到达了这次旅途的终点站——历史老师Jane的家中，这是学校为我安排的第一个月的临时住所。学校的校长也住在附近，我刚进Jane的家，校长就闻讯赶来了。短暂的嘘寒问暖之后，我被带到了楼上的一间小卧室，那真是一间名副其实的小卧室，放了

和英国同事合影

一张单人床和一个书桌之后，就没有什么空间了。我开始整理我大大小小的行李。突然间，我发现少了一个包，那里面有我的所有证件、钱，还有一些从国内带来的教学用的书籍。我匆匆忙忙跑下楼找Jane，她很快帮我联系上接我的那位老师，确认了没有落在她的车上。我们又打电话给机场，询问有没有人捡到，但得到的答案是否定的。Jane安慰我别着急，说再等等，说不定很快机场就会来信儿。我沮丧地倒在那张单人床上，回忆踏上这片土地后的点点滴滴。突然，我想起自己在机场往行李车上倒腾行李时，曾经有一个当地的小伙子挤了我一下，然后很快就跑了，我还奇怪地看了一下他的背影。我顿时有一种感觉：包不是丢的，而是被偷了。

我所居住的城市是英国最有名的大学城之一——牛津，一座风景秀丽、文化底蕴十足的城市。在之后那一年里，我曾无数次地独自漫步在这座古老城市的各个角落，瞻仰那些记录着辉煌历史的建筑，更以朝圣的心情凝视那些古老大学的侧影，聆听里面传出的钟声。记忆中的牛津是如此美丽，如此丰富，如此优雅。但在那个下午，因为突如其来的遭遇，我却对这个陌生的国度，甚至对这个美丽的城市失去了信任。在之后的一周，初来乍到的我为补办丢失的护照等证件，奔波于警察局、报社、学校和伦敦的中国使馆间，甚至还连累身在国内的北京师范大学附属中学的刘校长为我写了一份说明。补办证件需要几个月的时间，我所去的学校 Didcot Girls' School 的校长怕我被当成非法入境者抓走，特意给我写了一个书面证明，让我随身携带。三个月后，当我都快忘了这事儿的时候，中国大使馆却出人意料地给我来了个电话：有人捡到我的护照给送到使馆去了。想必那位小偷先生拿走了别的东西，嫌这护照没用，随手给扔了。

这一段经历让我很快熟悉了英国的警察局、机场服务部门、学校各部门、驻伦敦中国大使馆以及一家小报社的一些业务情况，同时也让我接触了形形色色的人。有失必有得，真的是千古真理。

学校印象

英国大使馆文化教育处主办这个中英文化交流项目的初衷是通过派中国教师到英国中学当语言助教（language assistant），促进两国之间的文化交流。我所去的学校是一所女子中学，初、高中都有。学校地处牛津郡的一个名叫 Didcot 的小镇，学校面积很大，但建筑与设施均一般。

在出发之前，我就做了大量的上汉语课的准备工作，购置了许多跟中国文化有关的书籍（不幸在机场还被偷了一些）。我翘首企盼着在英国中学生面前展现中国老师的风范。可惜的是，因为当时在 Didcot 这个小镇连个中国人都很少见，学生们热衷的外语课是法语和西班牙语，学校根本没准备正式开汉语课。整整两个星期，我无所事事，天天在学校里四处晃悠。有一天，我实在忍不住了，闯进了校长办公室……

书法课

我终于可以开始上课了，但不是正式的课，类似于选修课（当地叫 club），学生只有 20 来个，上课的时间是中午休息的时间（lunch break）。但我依然兴致很高，下定决心要让这些孩子跟我无障碍地用汉语交流。但可惜的是，她们之所以来这个 club 是因为觉得遥远的中国很神秘，受好奇心驱使罢了。若干周之后，她们在汉语上也没有什么长进，倒是我的英语进步了不少，能很顺利地听懂她们之间的俚语交谈。尽管如此，每天我出现在校园的时候，仍会有无数的学生用各种怪调此起彼伏冲我说"Ni Hao"（你好），但仅此一句，因为这句被我的学生到处传播之后，几乎无人不会了。这也不足为奇，英文的"Hello"不也是是个中国人就会吗？

英国的学校上午 9∶15 上学，下午 3∶15 放学，对我来说，上班时间就中午那一个小时。我实在享受不了这种"舒适"，向校长提出要再找点别的事儿做。校长想了想，说要不然就帮着辅导困难学生吧。我欣然答应了。这所学校里有些班里有因各种原因学习跟不上的学生，学校安排老师对他们进行单独辅导。我辅导的那个小女孩智力有点问题，学习上困难很大。她有的课跟大家一起上，有的课由老师单独给她上。我就坐在她的旁边，指导她按教师的要求一步一步往下学。

跟着这个孩子听了一段时间的课，我决定要利用机会好好看看英国的老师们是怎么上课的。我向校长申请去听学校里其他老师的课，得到了许可。从那以后，我便忙碌了起来，每天要选择第二天听什么课，提前跟那些老师打招呼，听完课后自己在心里琢磨一下，跟自己平时的做法做个比较。这段特殊的经历让我深入了解了英国普通中学的课堂模式。我觉得从学校管理的角度来说，英国学校似乎比中国学校更尊重学生的个性：学生跑班上课，没有班主任，课外活动相当丰富，学生也没有很大的考试压力，特殊学生(纪律有问题或智力有问题的)会得到特殊的关照。就具体课堂来说，有些学科的课堂要比中国的课堂更活，更强调实际动手能力。譬如，他们的地理课经常在室外上，历史课常跑到博物馆去上。但就语言课(法语和西班牙语)而言，我觉得他们的教法很传统，课堂上有许多机械的操练，开放度甚至比不上国内的语言课，但他们的学生经常有去欧洲各国的机会，这使她们有使用外语的机会。这一点让我想了很多。咱们国家的孩子学十几年的英语，可真正提供给他们用的机会又有多少呢？学习的真正动力应该来自于生活中的实际应用。

大概过了两个月后，我终于迎来了英国大使馆文化教育处真正希望我们这些中国老师做的事。我所在学校的校长喜欢四处炫耀、宣扬自己的学校有一位中国老师，还邀请当地媒体对我教学生练书法、写汉字的课进行了报道，弄得附近的一些小学特别羡慕，前来恳求校长让我去他们那儿做些讲座。校长当然愿意了。我也愿意，一方面自己很闲，另一方面我也很想更多地了解英国学校的情况。于是，我几乎每周都要拜访一所学校。一般情况下，那些学校会请我给学生和老师做一个有关中国的讲座，再回答孩子们的一些问题。我很享受在英国老师和学生前面侃侃而谈中国的文化、学校和生活。我有时也会让他们跟我学点有中国特色的东西。有一次，我去一所小学，即兴给孩子

指导学生写毛笔字

们教了骆宾王的《鹅》，我将该诗的意思和诗人的情况作了简单的介绍，然后要求孩子们两人一组，先画出这首诗，再将它翻译成英语。这些小孩子学得很开心，他们为这首诗所配的画和译文也很精彩。若干天后，校长跟我说，那所学校的孩子们还老念叨着请我再去他们学校。

房东故事

虽然我自己就是学英语的，对英国的文化有一定的了解，但真正进入这种文化圈子后，还是感到有一种强烈的冲击。我先后遇到的两个房东，让我对英国的普通人的生活有了真实的体验。

我的第一个房东Jane是学校的历史老师，有一个儿子和一个女儿。儿子已娶妻生子，每逢周末，他们会带着孩子回来吃顿饭。他们的孩子也就一岁左右，还走不稳，但爬得飞快。Jane家后面是泰晤士河，她家的花园就在河边上，我经常看到孩子从客厅爬出来，爬到花园里，又爬到河边。每当那时，我总是胆战心惊地跟着她，生怕她一不小心掉河里，但孩子的父母和爷爷奶奶似乎从来都不曾在意过，任由孩子四处爬行。我真的很佩服他们。孩子的独立性和探索精神的造就真是无处不在啊。我在 Jane 家只住了一个月，因为那间屋子很久以前就许给了一个法国女孩，而她就要来了。

于是，我认识了我的第二个房东 Sarah。Sarah 是一位快四十的单身女士。她在一家大公司里当总裁秘书，收入很不错。有一男友，据说是一位建筑工人。他们的相识很有意思，有一天，Sarah 在上班，突然发现窗外墙上有一男的不停地看她，一来二去他就成了她的男友，而当时他正给她们那幢办公大楼刷墙。后来 Sarah 的这位男友又去超市当搬运工了。就这么"极不般配"的两人，在我快回国的时候，已经到了谈婚论嫁的阶段。真诚地祝福他们。

在房东家

跟 Sarah 共住的十个月还是很快乐的。她是一个很安静的人，跟我的性格有些相似，家里有很多藏书。平时的晚上，我们俩经常一起坐在客厅，一边听着舒缓的轻音乐一边读小说。有时我们也会聊聊天，她跟我说她的搬运工男友，我跟她说我的父母家人。周末的时候，我们会一起吃顿饭，有时我做中餐，有时她给我做西餐，我们都很享受彼此的厨艺（其实我的厨艺很糟糕）。Sarah每周都会拾掇她的小花园，我总在旁边帮忙递个工具什么的，看着她修剪枝叶的背影，我很羡慕，真希望自己在北京的生活也如此。随着时间的推移，我们俩越来越像一家人。我想家的时候她会抱着我，轻轻地拍我后背，安慰我。

　　圣诞节来临的时候，Sarah说要回父母家去过，而且得在那儿住一个礼拜。她说如果我愿意可以跟她同去。我当然不愿意一个人待着了，也很想看看地道的英国乡下生活是什么样子的，于是欣然答应了。

　　那一个礼拜的生活真的是我在英国最美好的日子。Sarah的父母都快七十了，但身体很好。他们家的房子是两层的小楼，房子后面是广阔的田野，房前是一个巨大的私人花园，草坪、花木都被照顾得非常好，置身其中，感觉像在某个风景区。他们的房子虽然不豪华，但

在爱丁堡

装饰得极其舒适，室内客厅还留着典型的壁炉（fireplace），跟我在18世纪英国的文学作品中读到的描述完全吻合，可惜的是这个壁炉如今只是装饰。我觉得中国与英国的城市没有太大的差距，但农村的区别实在太大了。在英国，居住在农村真的很享受。

Sarah的父母很热情、很善良。每天，我跟他们一起聊天，散步，去教堂做礼拜，日子过得平淡但很惬意。生活中没有压力，没有冲突，没有斗争，在这样的环境中，我想每个人都会表现出最真、最美的一面。我印象最深刻的是他们家养的一条狗和一只猫，都说这两种动物是天敌，但他们家的猫最喜欢趴在狗身上睡觉，狗跑步的时候猫会骑在狗的背上。也许，人的恬淡也感染了动物。

在英国的时候，因为孤独时不时地想着回国，当从英国回来后的头几年，我却时不时地梦见自己又回去了。10年了，再回忆起这些的时候，心底还是有一种甜滋滋的感觉，真的应该再回去看看。曾经经历的那些人与那些事都是我人生之旅中珍贵的点点滴滴，是我生命中不可或缺的一部分。

我在日本的学习见闻

王江波

王江波，数学高级教师，1999 年到北京师范大学附属中学工作，2002 年 6 月至 2003 年 2 月在日本研究学习。

我是由中国教育国际交流协会推荐去日本广岛大学学习的，这应该属于 2002 年度日本广岛县的海外技术研修员培训计划，主要面向发展中国家。我在 2002 年 6 月 20 日抵达日本广岛开始为期 8 个月的学习，于 2003 年 2 月回国。

2002 年 6 月 20 日我们到达日本广岛后，住在广岛国际协力中心，开始了为期两个月的日语学习。教我们日语课的老师主要借助英语教学，从最基础的学起，每天上午、下午都安排有课，大致 8 个小时，每天都有小测验，任务很紧，但学习效果很好，很快就掌握了一些必备的日语知识，很实用，发音也很准确。这使我深刻体会到学语言真的很需要相应的语言环境和专业的教学方法。日语的入门还是比较容易的，在学习日语期间，所住的公寓经常有一些参与、了解日本文化的交流活动。日本独特的地理条件和悠久的历史孕育了别具一格的日本文化。樱花、和服、俳句与武士、清酒、神道教构成了传统日本的两个方面——菊与刀。日本茶道源自中国，是在"日常茶饭事"的基础上发展起来的，它将日常生活行为与宗教、哲学、伦理和美学融为一体，成为一门综合性的文化艺术活动。它不仅仅是物质享受，而且通过茶会，使人们学习茶礼，陶冶性情，培养审美观和道德观念。

我们在 7 月 22 日参加了在广岛县厅举行的欢迎活动，并一起参观

参加研修生欢迎会

了广岛和平纪念公园。和平纪念公园是为了纪念 1945 年 8 月 6 日原子弹袭击广岛而建造的，以此呼吁建立一个和平的世界。它位于原子弹爆炸地周围，包括纪念馆和许多其他与原子弹相关的博物馆。原爆圆顶馆是原爆地周围在爆炸中留下的为数不多的不完整建筑之一，也是现在仅存的一座保留当时遭受原子弹轰炸惨状的建筑。和平纪念博物馆用图片展示了原子弹给这座城市及其居民造成的惨状，参观这里让人感到沉闷压抑，心情沉重。

我从 8 月 29 日开始正式去广岛大学学习，广岛大学是广岛县内唯一一所国立大学，也是日本为数不多的综合性知名大学之一。我在广岛大学的教育学研究院学习，学习的内容包括教育教学理论、参与一些中学数学课的听课和学习，以及进一步学习日语。每天可以骑自行车去大学听课，或者跟教授一起去中学听课，经常去的学校有广岛大学附属中高等学校和广岛县立尾道北高等学校。日本的中学数学教育既有与中国相似的地方，也融入了一些西方的办学理念，高中数学分文、理科，文科要求简单，理科内容多、难度大，涉及不少高等数学的知识。广岛大学教育学研究院的教授们经常去中学听课、指导，因此中学教师可以得到及时的理论指导，以及开展相关的教育教学研究，我觉得这种方式非常有利于初等教育教学的研究和实践。

我在去一些中、小学校的过程中注意到：各个学校的基础设施标准非常高。教学楼除必要的教学设施外，还配有雨伞架、鞋柜、笔墨砚盒及乐器柜、挂衣架、书包柜等。各学校都设有高标准、多用途的体育馆，既可用于各类体育活动，又可用于文艺演出和开会。各校都有供暖设备，室内温度适宜，很适合教师办公和学生学习及活动。各校都遵守国家的统一教学大纲要求，但各校有权自主选择教材，有独立的运行机制。每个学校都有自己的办学方针、培养目标、校歌等。在高度重视智力培养的同时，学校注重学生的品行培养，在学生品行方面受我国古代儒家思想影响比较大。学校设有专门的相谈室，以对学生进行心理教育。音乐、体育教学水平也比较高。学校还注意让学生学工学农。另外，日本对教师研修制度给予充分的肯定，把教师培训纳入中小学校工作日程，构建了学校校务分管制度和研修活动制度紧密结合的体制，对推进基础教育的改革和中小学校教师接受高层次教育都起到了推动作用，这对我国的教师教育是有借鉴意义的。

我们在学习之余，也去了日本的一些地方参观、旅游，参加了许多日本传统的节日活动。日本很重视对孩子进行动手能力的培养，强调传统文化的教育熏陶，经常进行应对突发灾害的演习，很有忧患意识。去东京的时候，发现东京确实人很多，但秩序很好，公共场所很少有人大声说话。还有，日本很注意保护环境，很重视绿化环境，许多建筑物的顶端都有绿色植物，再加上是海岛，空气质量非常好。

日本印象杂记

况 莉

况莉，生物高级教师，2001年到北京师范大学附属中学工作，2004年10月至2006年3月在日本留学。

2008年年底，随着冯小刚的贺岁片《非诚勿扰》的热映，北海道那纯美旖旎的自然风光深深地印入了人们的脑海，北海道这个昔日被认为是日本落后农村的地方也迅速成为众多中国游客的向往之地。无意中发现，影片中葛优和舒淇到的那个地方，就是自己2005年1月与同届的留学生们一起去看流冰的那个网走（地名），我们当时也是坐火车在那个小小的北滨车站下车。于是颇有几分得意地跟同事开玩笑说："我比冯小刚先到了北海道。"

其时，思绪早已回到了自己2004～2006年在日本的那段留学生活。

季节的色彩

2004年10月，我有幸受学校选派参加了日本文部省（教育部）的教师培训项目。我先被安排在北海道大学学习半年日语，然后到北海道教育大学研修教育管理。从教师摇身变回学生，多了几分轻松与惬意，更多了背上背包四处游历的闲暇与心境。

刚到北海道的时候，到处都还绿意盎然。有着"榆树的森林"之称的北海道大学校园里处处是几十米高的大树和绿油油的草地，小溪从

在富士山脚下

林间川流而过，野鸭在池塘悠闲地游弋，有着近百年历史的白色木楼安静地掩映于巨大的绿荫里，双向车道的水泥路则像林间小道一样蜿蜒其中。最喜欢每天上学经过的那条银杏大道，三百多米长的道路两旁整整齐齐地挺立着一排树龄都在60年以上的银杏树，华盖满天，搭成一个幽幽的绿色隧道。蓦然有一天，"隧道"变成了金黄色，落英缤纷，黄叶层层，置身其中，像是走进了一幅优美的油画，美不胜收。

11月中旬，下了第一场雪。从小生长在南方的我，第一次形象地理解了"鹅毛大雪"。那天路过校园里的那片树林，第一次深深感动于北国的壮美。十几米高的榆树、松树上虽然盖满了厚厚的洁白的雪，那绿色的枝条却依然骄傲地探出头来，并且越发挺拔；随地势起起伏伏的林间草地被松松软软的积雪覆盖，有一米多厚，没有一个脚印，一片洁白。

白色是北海道留给我的最深印象。北海道的雪会从头年的11月一直下到第二年的4月中旬。每晚人们入睡后都有人开着除雪车来回喷洒融雪剂，并不断把雪铲到道路两旁堆积起来，多余的雪会被运走。

雪大时道路旁的积雪能达两米多高。在零下二三十摄氏度的冬天躺在白雪环绕的温泉池里一边感受着温泉的热度，一边欣赏银装素裹的精致院落，实在是浪漫而惬意。在颇负盛名的札幌冰雪节上，看着大大小小的惟妙惟肖的动物、人物、卡通雪雕，特别是站在十几米高的冰雕白金汉宫前，跟着台上的歌手尽情地歌唱、摇摆，完全忘却了自己是在冰天雪地里。我还在雪天中去了著名的海港城市小樽，感觉仿佛走进了一个个晶莹剔透的音乐盒世界；在北部城市网走，乘坐破冰船，看大船像坦克一样切开浮冰在冰面前行，而海鸥则欢快地在船舷上盘旋；坐火车沿着海岸从一个城市到另一个城市，慢悠悠的列车带着我们在堆积着皑皑白雪的蔚蓝大海边穿行，蓝色的波涛就在脚下。北海道的冬天，让我感受到了大自然的辽阔与壮美。

在雪还未化的 3 月，我只身一人从札幌来到了北海道的第三大城市、被誉为世界三大夜景地之一的函馆。这个城市的总人口也就 30 万。这里没有大都市的繁华，中国人也很少。那个冬天对初来乍到的我来说似乎特别漫长。5 月上旬终于盼来了樱花盛开，我迫不及待地骑着车去宿舍临街的"樱花并"街道看樱花。一树树枝叶繁盛的樱花，像一团团粉霞，热烈纯洁，它在严冬过后第一个给人们带来了春的气息。我在粉色的樱花隧道下仰望蓝天与"粉霞"，感受春天，有点理解日本人为什么那么喜爱樱花了。

在函馆市妇女团体组织的义务日语课上，我从一位志愿者阿姨那里学到了一个很日本化的词"樱花前线"，它也开启了我对日本樱花文化的了解和关注。原来，日本人太喜欢樱花了，全国各地大小公园、街道都栽满了樱花。而樱花生命短暂，一株树上有的花还刚吐蕊，有的就已纷纷飘落。樱花的美丽、绚烂和短暂引发了人们的无限遐思，赏樱也成为日本全民的传统习俗。每年樱花盛开的时候，是日本比新年更为热闹的节日。全家人或三五好友去樱花树下赏花、野餐，是日本人每年春天最为期盼的一件事。为了便于人们安排赏花的时间，日本气象厅、气象协会还有其他组织都会根据收集到的气象情报，对各地樱花开放时间作出预报，而在地图上把樱花当下正在开放的地点连起来就会出现一条类似地理等高线的曲线，这被日本人形象地称做"樱花前线"。随着时间的推移，"樱花前线"从南向北次第推进。每年春天，各大报纸和天气预报里一个必不可少的内容就是播报各地的"开花预想"，呈现"樱花前线"。日本气象厅甚至因为"开花预想"预报不准而在电视上向全国人民公开道歉。当然，对于这么一个喜爱自然的民族，当秋天层林尽染、漫山红的时候，全社会又都会关注"红叶前线"，兴致勃勃地去赏红叶、泡温泉就不足为奇了。

夏天，约上几个朋友，去富良野看漫山遍野的薰衣草。湛蓝的天空下，绵延几百米的白色花带、粉色花带、紫色花带并排织成巨幅"地毯"，让人情不自禁地想要张开双臂拥抱大地。有着巨大车窗的大巴载着游客在旷野上奔驰，蓝天下金黄色的山丘、稻田，绿色的树林，让人心旷神怡，悠然陶醉。

其实不仅仅是旅游景点，他们的城市乡村、大街小巷，处处都是风景。日本的自然环境保护得很好，绿化面积全球第一，从飞机上往下看，湛蓝的大海之中镶着一片绿洲。空气洁净，街道整洁，庭院精致，城市中央大道像公园一样。最让我感叹的是高速路上的景色也美不胜收。野生的山林青翠欲滴，树叶都亮晶晶的，没有一点灰尘。山林也没有杂草丛生的感觉，像是被精心修剪过。

后来我才知道，北海道是日本首屈一指的旅游胜地，即使在交通非常发达的日本，到北海道旅游仍然是很多家庭的一个重大计划或梦想。这里的人也淳朴，比起东京等地更少了一些商业社会的浮华与躁动。我还真是幸运啊。

对自然的喜爱，也深深影响到日本的服装、饮食等生活的方方面面。他们的小点心，春天会做成粉色的樱花，秋天会做成精美的红叶，再配上精美的画着樱花或红叶的包装，让人强烈感受到季节的特征。日语里甚至有一个词叫"旬"，指某种食物最鲜美的时期。当然，像和服这样昂贵的传统服饰的图案与穿着一定与季节相互映衬就更不必说了。

牛奶盒　垃圾袋　旧货出售

2005 年年初，北海道大学留学生中心组织我们去札幌的一所小学与那里的小学生做交流。因为我刚学日语不到半年，所以被分到了一年级的一个班。我那时的水平，也就只能做个简单的自我介绍，回答诸如你最喜欢的颜色是什么之类的简单问题。因此在这个平均年龄比我小二十多岁的班级里，我却是被照顾的对象。孩子们写了大大的欢迎标语贴在教室的窗户上，我教他们画了大熊猫，他们又带我去参加他们的一节模拟购物的生活课。孩子们给我小篮子和"钱"，然后拉着我，教我买这买那，热闹非凡。

到中午该吃饭了，我被安排在一个座位上坐好。只见孩子们都打开自己的一个包裹，戴上头巾，在自己的课桌上铺上餐桌布，摆上筷子或勺。最开始我以为他们是自带午餐，一会儿发现有两三个孩子推着比他们还高的餐车进来了，然后给大家分发食物。听旁边的孩子介绍，今天轮到这几个孩子负责取饭分发。吃完饭后，大家又依次把饭盒放回餐车，由这几个孩子推回学校的配餐室。具体吃的什么已经记不清了，但忘不了的是吃完饭后每人都要喝一盒牛奶。日本的牛奶都是用纸盒装的。我喝得快，正四顾寻找垃圾桶想把牛奶盒扔掉时，一位坐我旁边的小朋友连忙站起来连说带画，大意是不让我扔。这时，我看见有同学端了一盆清水进来放在教室前边，这位小朋友就走过来拆开我的盒子，然后拿着它走到盆边蹲下，认认真真地把盒子放水里投了三下，拿起来晾晾水然后放到了一边。后来陆陆续续又有同学走上前去清洗。哦，原来他们喝完牛奶后要把牛奶盒拆开放清水里漂洗后回收。我坐在座位上歆歆感叹：日本人的环保意识原来是这样从小培养的呀！后来我也注意到，很多家庭把喝过的牛奶盒洗干净后存放好，然后统一放回超市的回收箱，我也慢慢加入到他们的行列中。

在札幌时因为住的是留学生公寓，对日本社会的日常生活了解得并不多。后来我去函馆住学生宿舍时，遇到一大问题：垃圾没地方扔，楼道里没有公用垃圾桶。问了问才知道，原来垃圾不能随便乱扔，必须去便利店买专用的分类垃圾袋盛装，然后在规定的时间把相应的某类垃圾拿出去放在指定地点才能被收走。但怎么能保证落实呢？在市政府办公大厅里办理外国人登录手续时，我领到了很多彩色的宣传单。其中一张是 2005 年的日历，上面每周的周一、周四都被涂成了红色，标明回收可燃垃圾；隔周的周三被涂成了绿色，标明回收不可燃垃圾。回收可燃垃圾和不可燃垃圾都是收费的，居民必须花钱购买专用塑料袋盛装垃圾。而每周二被涂成黄色，回收塑料包装容器；隔周的周五被涂成了蓝色，回收瓶罐等垃圾。这两类垃圾都是免费回收。还有非常详细的图片说明，哪些垃圾属于哪类一目了然。比如一瓶塑料瓶装饮料喝完后，塑料瓶冲洗干净后放在瓶罐类垃圾里，而瓶盖若是塑料的则属于塑料制品类，若是金属的则属于不可燃垃圾类。政府每年都会印制这些日历和资料免费发放到市民手中，政府网页上也能很方便地查到。而每个人、每个家庭都自觉遵守这些规定，我还没碰到过有人乱扔垃圾的情况。日本就是这样把垃圾分类做得世界闻名的。在日本还有一个有趣的事，就是在街头基本上看不到垃圾箱，一般也就在便利店和自动贩卖机旁有回收瓶罐的垃圾桶。因为日本人认为公共环境里原本是没有垃圾的，垃圾是自己产生的，得带回家去处理。

在日本还常有 garage sale(ガレージセール，旧货出售)，通常是一些当地的妇人团体或其他团体组织，把自家的二手物品特别是大家电拿出来卖，价格很便宜。我刚到北海道大学时就赶上过一次在留学生中心举行的 garage sale。记得我只花了 100 日元(折合人民币 7 块多钱)就买了一个二手熨斗，还有很多其他的物品。也曾听日语老师说她当年把家里的旧电视送给一对在当地的留学生夫妇。原来在日本，电视、冰箱、洗衣机、空调这些大家电不属于市政回收的范围，要处理这类废旧家电，必须与之前买家电的商店联系，由商店负责回收。商店回收要收取一定的处理费和搬运费。或者自己把这些电器运到指定的垃圾处理场，而这也非常麻烦。因此不如直接在 garage sale 上便宜卖掉，或者送人。如果随意把旧家电当垃圾扔出来，则要承受很高的罚金。

在日本的一年多时间里，日本全社会的环保意识、公共意识给我留下了极为深刻的印象。他们是如此的重视环境、珍惜资源，环保已成为这个社会约定俗成的规则，就好像在地铁、电梯间里不能打电话一样，所有日本人都愿意去遵循它。

女生宿舍　大学节　消防演习

我在函馆期间被分配住进了大学的女子寮（女生宿舍）。但这里的宿舍生活和我在国内大学经历的宿舍生活颇有些不同。

日本的大学宿舍一般都不在大学校园里，而是在普通的居民区。这是一幢独立的三层楼房，每个宿舍成员都有一把宿舍的大门钥匙。进楼右手边有一间小屋是值班室，但是没有专职宿舍管理员，而是由宿舍成员轮流值班。每天值班的人负责抽空到传达室分发信件、接电话、广播通知、晚上睡前播熄灯通知、负责各楼层楼道的熄灯、填写值日记录等。宿舍完全由学生自治。每学年初由学生们选出宿舍长、卫生委员、生活委员等组成"舍务委员会"。每月末楼层长会去查电表读出每个房间的用电量并核算电费，再加上住宿费和分摊的公共水费电费、杂费，打印出每个房间的收费明细张贴在公示栏里，同学们看到后都会非常自觉地去楼层长那里缴纳，没听说有故意拖欠的。费用收齐后由宿舍长统一交给学校。

宿舍里也没有像国内学校有的专业保洁员。每周五的晚上，卫生委员会广播通知在宿舍的人到一楼阅览室集合，抓阄分组打扫卫生。分组覆盖全楼的各个角落：楼道卫生、洗手间卫生、洗衣房卫生、阅览室卫生，最辛苦的是负责公共澡堂的卫生，要擦洗公共的大浴池。规定每人每月至少参加一次，但大家都很自觉，没有人故意不回宿舍逃避做清洁，所以每次都有一半以上的人参加。有一次做清洁，我看见几个女生护着另一个女生爬上高高的木梯，把天花板上坏掉的灯管换下来，又装上新灯管。我非常吃惊，在国内这哪是女生干的事！问她们怕不怕，她们反而觉得奇怪，这对她们来说十分平常，在家里灯管坏了她们也换。她们说她们还会做一些简单的木工修理。我感慨万千！这在中国简直不可思议，别说女孩子，很多男孩子在读书期间都没有自己动手换过灯泡。原以为日本的小女生就只会化妆打扮唱卡拉做卡哇伊动作照大头贴，这件事让我对她们刮目相看。

有一天，我在女生宿舍的公告栏里看到楼长贴出通知：某月某日要举行消防演习，听到报警后同学们该如何如何下楼。真的演习那天是一个周末，很多人都在。我听到广播火情通知后，也拿着毛巾捂着鼻子猫腰从三楼往下跑。跑到楼外一看，嗬，居然真的有一辆消防车停在那儿，几名消防员严阵以待。确认楼内成员都跑出来后，消防员组织我们排好队，拿起灭火器向我们讲解使用方法。接下来，我们排着队一一模拟灭火过程：提着灭火器冲向点燃的小火堆，边跑边大声喊"着火啦"。跑到着火点，拔下保险销，按下手把，拿着喷管扑灭火焰。从小到大，这还是我第一次碰灭火器呢，印象深刻极了。这样的消防演习并没有通过学校出面组织，而是消防局直接与住户联系，由专业人员到社区组织学习模拟，整个日本社会分工如此之精细，效果好效率高就是自然的了。

在日本，课堂学习仅仅是大学生生活的一小部分，他们更加看重社团活动和社会实践。每个学生都有自己所属的社团。我所在的北海道教育大学函馆分校仅体育社团就有 36 个，文化类社团有 29 个，这其中除了常见的如跆拳道、柔道、棒球、垒球、网球、游泳、滑雪、茶道、花道、轻音乐、摄影、舞蹈社团等，还有少林寺拳法、陆上竞技、旅游、中国语、教育研究会、现代视觉文化研究会等，五花八门。学生们见面聊起来最近在忙什么，大家说的不是复习功课、应付考试，而是最近社团的活动。日本学生没有班级的概念，却把属于哪个社团看得很重。在社团里，他们学习人与人之间的交往，锻炼自己的组织才干，交到志同道合的朋友，特别是前辈对新人的关心、指点届届相传，学习为共同的目标而齐心协力，找寻属于一个团体的归属感，大家都把参加社团看做是自己非常重要的一个经历。

　　无论家庭是否富裕，学生们基本都要出去打工，当收银员、餐馆服务人员、家教、电器店销售人员、报刊分发人员等，做什么的都有，我看到最多的就是去超市当收银员。打工一是给自己挣点零花钱，因为日本学生上大学后父母一般只负担学费和基本生活费，而朋友聚会、远足旅行或其他的如想去滑雪、考驾照、买车等花销，都需自己想办法打工解决。而打工的意义更多的还是增加自己的社会阅历和人生经历，学会为人处世和了解社会，为以后求职打下基础。

　　我在北海道大学和北海道教育大学的时候，都赶上过他们的大学祭，日语里祭是节日的意思。据说日本每个大学都有自己的大学祭，这是日本高校的一项重要课外活动。一般每年举行一次。负责组织工作的都是学生，校方不直接参与而只是做些辅助性的工作。大学祭这一天学校不上课，各个团体、俱乐部都会来个"模拟店"卖些饮食，除此之外还有一些社团的展示、表演或游戏等。那一天组织者会绘制各

参加北海道教育大学的大学节

模拟店的分布图做成展板摆放在校园醒目处，便于参加者寻找自己感兴趣的店。各个摊点门前也有自己制作的广告牌，有的还有推销员站在摊点前游说顾客。平时安静的大学校园顿时演变成为一个不小的商业区，人头攒动，热闹非凡。附近的居民也有来参加的。卖的饮食都是一些受欢迎的现场制作的小吃，像烤肉、油炸虾、炒面、抹茶、冰激凌等，种类繁多，琳琅满目。很像咱们附中学生会举办的跳蚤市场，但规模可比跳蚤市场大多了。在北海道大学时，有几个沈阳去的中国留学生在大学祭里卖中国饺子，十分受欢迎，半天不到就卖光了，中途又派人现去采买面粉和肉馅。我想，日本高等教育把大学祭作为一项重要的社会实践活动，是和整个日本教育注重实践、联系社会一脉相承的。

传统与现代并存

在大多数人心中，日本作为世界第二大经济国，肯定异常现代繁华。说起日本，头脑里闪现的都是高楼林立、霓虹闪烁的景象。没错，日本很发达、很现代，但它同时还很好地保存了自己的民族传统，比如和服和传统节日。他们的传统节日依旧有着浓浓的"节"味儿，在元旦节、女儿节、端午节、七夕等节日时穿什么、吃什么、说什么、唱什么、门前挂什么，都还保留着非常浓郁的传统和民族特色。因此当年韩国端午节申遗成功，我虽然情感上接受不了，但通过日本的传统节日，我能想象韩国为什么能够成功。

日本的各大城市也有自己的"祭"。在这一天，各市民团体成员穿上传统服装，抬着各种大型道具，或歌唱或表演，在城市的主要街道"盛装游行"，让人感受到浓郁的地方色彩和传统文化，也感受到他们对生活、对自己家乡的热爱。

"二战"之后，美国帮助日本建造新的国家，很多美国的价值观和行政体系渗入日本，使日本成为一个传统与现代交织并存的国家。其中，在建立教育体系的时候，鉴于之前军国主义的噩梦，美国特别强调日本要加强国际理解教育。而日本也急于在世界面前改变自己的形象，因此他们非常重视这一点。他们国际理解教育的目标虽然是培养理解不同文化、能融入国际社会生活的"世界公民"，但却强调首先要具有"日本意识"。很多日本人都对自己民族的传统文化特别感到骄傲和荣耀，因此他们也非常乐于向外国人宣传本国的传统文化。经常会有各种社会团体组织外国人免费参加日本文化的体验活动，试穿和服，体验茶道、花道，吃日本的传统美食，制作日本传统游戏玩具，各种 homestay，促进了不同国家文化的交流，也增强了世界对日本文化的了解。

日本社会保障体系之完备、公共服务之周全，世界闻名。不仅仅是商场的营业员随时笑容可掬、点头哈腰，政府机关公务员们的办事效率、服务意

和茶道老师一起出门参加茶会

识、服务态度也让人称道。各种生活信息、办事指南、市民生活可能遇到的各种问题指南，政府网上全都可以查到，非常方便。在日本，"公务员"这一词似乎才真正可以和"公仆"画等号。日本的列车非常准点，甚至公共汽车也能做到完全按时刻表到站、离站。日本的社会设施非常人性化，北海道地区寒冷，因此公共场所洗手间的坐便器一律是带垫圈加热功能的，水管里提供的都是冷热两用水。日本的无障碍通道完备，常见到日本街头很多残疾人都能够轻松而体面地自由活

动。日本的保险、税收缴纳也非常人性化，有一个非常复杂而科学的计算公式，以家庭为单位看家庭的总收入和养育的子女人数等状况，负担越重的家庭，税赋越少。最重要的是他们整个社会的成员文明有礼，素质很高，展示出一个现代化发达国家的风采。

"和"的文化

我也曾思考和试着研究日本这个国家在"二战"后飞速发展的原因。但这个问题太复杂，是一个大课题。在此我也只能肤浅地说一些我的认识。

日本国土狭小，资源短缺，因此他们非常重视保护资源，这种思想进而也就体现在对大自然的尊崇上。由于资源稀缺，他们形成了勤俭节约的传统，而且把什么都做到极致，比如园艺、茶道。日本的森林覆盖率高达65%，居世界第一。

日本是一个地震、海啸频发的国家。多发的自然灾害，让整个社会进化出一套完善敏捷的灾害预报体系和应急体系，同时也进化出勤劳务实的作风。

日本是一个善于学习的民族，他们的文化崇拜强者。他们善于向其他国家、民族学习，并且会比"师傅"做得更好。虽然很多日本人对中国有偏见，但我们"神五""神六"的上天、北京奥运会的举办、近十年来经济的高速发展，都让不少日本人竖起了大拇指。每当提及这些，我们这些在日的中国留学生也感到无比的骄傲自豪，腰杆也挺得更直了。

日本从明治维新起就高度重视教育，特别是对全民的义务教育，他们有非常完善的各种教育立法。我曾研读过他们的《教育六法》，特别是《偏僻地区教育振兴法规》。其中，对如何做到教育均衡，特别是扶持落后地区的教育发展，他们有从法律法规到教育财政、人事制度等方方面面的有力保障。在日本，教育不仅仅是学校的事，家庭、社区、全社会都承担着教育的责任。日本国民整体的高素质不是单靠学校教育培养出来的，在我看来更多是传统的和社会的影响。

像茶道提出"和敬清寂"的精神一样，"和"的思想在日本的传统文化里，占据着一个非常重要的位置。因此，他们讲究人与自然的和谐，对大自然倍加爱护；他们的社会特别讲求共性，尊重公共秩序，追求人与人的和睦。当然也有捕鲸船公然违背《全球禁止捕鲸公约》，大肆捕杀鲸鱼这样的不和谐，有右翼分子不尊重历史否认侵华战争这一不和谐。

动笔写这篇文章时，日本东北部发生 9.0 级大地震。地震引发的海啸使万千生命刹那间逝去。3 月本该是日本人民和家人朋友相约在樱花树下享受曼妙春天的季节，受灾地区的老人、孩子却无家可归、忍饥挨饿、流离失所。衷心祈愿灾区的人们早日走出伤痛，重建家园。

汉语、韩语"和而不同"

张永涛

张永涛，对外汉语教师，2007年到北京师范大学附属中学工作，2005年1月16日至2006年2月20日在韩国做中文教学工作。

2005年的中国春节前夕，我到了韩国，这次到韩国是带着学校和导师的任务的，那便是要教韩国人学汉语。我的目的地是庆尚北道的首府大邱，那时还是韩国的第三大城市，听说现在好像不幸已经被仁川和蔚山甩在后面了。

大邱是座山城，这不足为奇，因为韩国本来就是多山之国。听当地的长者说，大邱的"邱"本是山丘的"丘"字，因尊敬孔子，避讳孔丘的"丘"字才改了过来，且一直沿用至今。大邱的人口不太多，因而也不似北京那么拥挤，城市的街道很干净，空气也很清新。那时候大邱的中国人还不像现在这样世界各地到处簇拥，我便也得到了鲁迅在仙台的待遇，很受他们的欢迎。尽管饭桌上常是难以下咽的辣白菜，吃久了也就渐渐少不了了。

或许因为我是语言学专业出身的，也可能由于我到韩国后又是做汉语教学的工作，抑或是"专业神经"的敏感，我对两国的语言文字很感兴趣，便对两国的语言文字及背后深藏的文化背景的同与异留心起来了。

国人到了韩国总会莫名地亲切，不必说我们和韩国人有着相似的外貌，也不必说我们都有用筷子吃饭的习惯，单是韩国道路指示牌上的汉字和地铁里的汉语广播，都让人觉得我们并非身在异域。刚来到

参观古新罗国佛国寺

这里，想找出韩国的标签是不易的，这或许是因为那句老话"中韩两国一衣带水，同属汉字文化圈"。

19世纪末，中日两国在朝鲜半岛的势力此消彼长，日本彻底占领朝鲜半岛后实行殖民统治，日本消灭汉文化以及朝鲜自有文化，意在同化朝鲜半岛。日本的文化殖民统治导致朝鲜半岛民族意识的觉醒，日本的殖民文化统治和朝鲜半岛民族文化的觉醒间接导致汉文化的影响在朝鲜半岛日渐消退。朝鲜半岛南北分治、韩国独立后，总统朴正熙发动了一系列废除汉字的运动。美军驻扎以及以美国援助为主要形式的美韩同盟关系导致西方文化在韩国盛行。日本经济在"二战"后的崛起以及日本的文化输出政策，导致日本文化在韩国大行其道。总之，在近现代，朝鲜半岛日美文化的盛行和韩国自有文化意识的觉醒使得汉文化对朝鲜半岛文化的影响日渐式微。

"二战"后，朝鲜半岛南北分治，中韩两国经历了一段长达半个世纪之久的"老死不相往来"的时期。中韩文化交流的恢复与发展主要是在1992年两国恢复外交关系后才开始的。中韩建交以来，两国的友好合作关系在各个领域都得到了快速发展。经济上，目前中国是韩国的第一大贸易伙伴、第一大出口市场、第一大海外投资对象国以及第二大进口来源国。韩国则是中国第四大贸易伙伴和第三大吸引外资来源国。文化上，如今代表韩国大众文化的"韩流"在中国受到欢迎，而代表中国文化的"汉风"也受到韩国社会的推崇，两国的文化交流呈现出一幅"韩流"滚滚、"汉风"劲吹的景象。

不管历史上中韩文化交流是如何地波浪起伏，当下在韩国文化中已深深打下了汉文化的烙印。汉文化在语言、社会风俗、饮食服饰等各个方面对韩国文化都有着深刻的影响。特别是在语言文字方面，身在韩国，时间一长便有了在中国某个方言区的感觉。

在文字方面，历史上韩国曾经长期使用繁体汉字，而在今天的韩国，汉字仍有着崇高的地位。刚到韩国时，一些韩国朋友递给我的名片，多是用繁体的汉字写的，这些人大多是社会地位较高的教授、医生、律师、公务人员等。其实汉字在韩国的使用远远不止于此，韩国诸多的历史典籍和文化遗产都以汉字来展现。汉字在韩国的历史文献、法律典籍、词典辞书、书法艺术、姓名地名上随处可见。韩国人认为，在韩国懂汉字是文化地位高、社会地位高的象征。韩国文字在本质上是拼音文字，大量的韩国语词的发音与汉语词的发音近似，这也是韩国人学汉语比其他国家的人更快、更好、更有优势的原因之一。

在词汇方面，韩语自有文字出现后，汉字词只是韩国式地拼音化了。根据以词典为中心统计出来的韩语词汇，汉字词汇占其七成，远远超过固有词汇。韩语中表现概念的词汇或重要的学术用语大部分都用汉字词语表现，可以说韩语不使用汉字词语就根本无法沟通。在吸收汉字词的过程中，有的汉字词语所表达的意思已经偏离了其原意。我在韩国的地铁站、火车站常常看到繁体的"阶段"二字，在韩语中，"阶段"表示台阶，而在汉语中，"阶段"的意义已经抽象化了。"阶段"在目前韩语中使用的意思是它的本意，与汉语的意思有很大的区别。

再如，北邙山是中国洛阳以北的一座名山，古人认为此山风水极佳，于是便成了历代帝王将相的墓地。现代汉语里的北邙山只有指称意义。"北邙山"一词东传韩国以后，便失去指称意义，成了承载语用意义的指称对象，韩语"上北邙山去了"是暗喻人已去世，北邙山一词成了暗喻阴间的词。

还记得一件有趣的事儿。有一次上课我讲一个中国成语"对牛弹琴"，意思是对不懂道理的人讲道理，对外行人说内行话。韩国学生说，韩国也有个成语，翻译过来叫做对牛念经。两个成语意义完全相同，但一个"弹琴"、一个"念经"，表现形式却不一样，或许从这个词能看出一些源与流的关系来。还有对爱人这一指称对象，汉语和韩语的认知视角是不同的。中国人一般给别人介绍自己的妻子或丈夫时说"这是我的爱人"，而韩国语里的爱人指情妇或情夫，没有妻子和丈夫之意。如果指着韩国人夫妻一方问"这是你的爱人吗"那就失礼了，会把人家弄得哭笑不得。汉语和韩语对丈夫指称的认知视角也有些不同，汉语里的"当家的""掌柜的"和韩国语里的"平吐主人"一样都指丈夫。这种称谓都与分配方式有关，与男尊女卑的宗法制度有关。这种称谓的文化重点都在香火接续和财产的继承上。汉、韩两个民族对同一思维概念采用不同的表达方式，所采用的比喻形象也不同。如韩国人形容一个人胆小用"肝小如豆粒"，汉语却说"胆小如鼠"。两者虽然认知视角不同，比喻形象也不一样，但在表示"胆小"这一层意义上，它们是同一的。

在成语和习惯用语方面，汉语和韩语在使用上大同小异。由于不同的民族文化是在各自的生存条件下逐步形成和发展起来的，不同的民族往往会对自然条件、地理环境作出不同的反应，并把这种反应凝聚在自己的语言和文化中。因此，汉语和韩语对同一思维概念、同一种现象或事物采用不同的表达方式也就不足为奇了。例如，一个人被大雨浇得浑身湿透，汉语用"落汤鸡"来形容，韩语则说像落水的鼠；汉语说"画虎画皮难画骨"，韩语则说"十丈深水易测，一个人心难探"。

由于中国历史悠久，华夏文化源远流长、博大精深，汉文化对中国周边国家的辐射极远，影响极大。汉文化典籍中的成语、习语、典故等在韩国仍有着广泛的应用，如井水不犯河水、临时抱佛脚、黔驴技穷、三顾茅庐、人面兽心、厚德载物、不耻下问、洛阳纸贵等。韩国人在日常生活中随口可以说出很多成语。

在韩国东海岸——甘浦

孔子说："君子和而不同。"这句话本来是指君子之间和睦地相处，但不随便地附和，要保持自己的独立见解。我想，中韩两国文化虽然有诸多迥异的方面，各自都保留着自己的民族文化特色，但由于两国地理上邻接，历史上两国人民长期接触和交往，中韩两国在文化上还是有着很多"和"的方面。汉字和汉文化被长期"借用"以来，无论被原封不动地直接使用，还是被改变为适合于韩语的形式，都对形成韩国人的精神世界起到了很重要的作用，直到今天，韩国人民的物质世界和精神世界仍然充满了汉文化的美丽的身影。

狮城走马看胡姬

许建勇

许建勇，语文高级教师，1993 年到北京师范大学附属中学工作，2005 年 9 月至 2006 年 7 月在新加坡攻读硕士学位。

2005 年 9 月，我受学校委派参加北京市教委组织的中学干部培训班奔赴新加坡学习"教育管理"课程（狮城人民称之为 EMBA，高层管理人员工商管理硕士）。准备行囊的时候，我特意温习了一下"狮城概况"，省得初到那里一问三不知——知道了他们的国花是胡姬花，也就是朱德元帅最喜欢的兰花。

出发前的准备会上，所有同学都神色庄重，态度坚决，纷纷表示：不辜负领导、学校、组织、祖国以及家人的殷切希望，好好学习，天天向上，学有所成，展现中国教师的风采，交一份方方面面都满意的答卷——我当时也是暗下决心，即使不能为我们国家增光添彩，也绝不添乱抹黑。

狮城比较小，加上填海填出来的土地也只有两个海淀区那么大。狮城也挺大，坐上公交车在城里穿梭一趟，怎么也得一个小时。倒不是因为堵车，是因为他们的公交车路线弯弯曲曲——就像在北京从西单到和平门，非得先向西扎到六里桥，然后走南三环，再从洋桥向北兜回来——倒是挺方便沿途的人民群众的。

我是一个比较爱说话的人，经过了初次相识的必然的短暂沉默与客套之后，我看着舷窗外黑沉沉的天空发了会儿呆，就开始和未来的同学们东拉西扯起来。这一拉扯不要紧，瞬间就把我惊着了——我这

参观新加坡学校

20个同学里，起码有一半都和我有些莫名其妙的关系，最让人崩溃的是其中有一女生居然和我同住一个楼长达四年，但我们却互不相识——整个儿就一《秃头歌女》的现实版啊。

出了樟宜机场，潮热的空气扑面而来，拖着行李上大巴这点儿工夫我就已经是汗如雨下了。不过我当时虽然很胖，但生存能力很强，等到了住地就完全适应了狮城的气候。我们被安排在义安理工学院的教师公寓，条件不错。我们这个班还有二十多个河北教育界的同学，他们比我们早到一天，正在楼下列队迎候我们。两支队伍胜利会师，大家热烈握手，进行了亲切友好的短暂会谈。

我这个人还算勤快，进门放下行李就吆喝同屋的三个男生连擦带扫地把"窝"收拾了一番。然后点上一支烟，郑重地告诉其他三人：这就是我们的家了，我们的留学生活正式开始了，我们就在知识的大海里撒开欢儿地畅游吧。

观摩课堂

　　我就读的大学叫南洋理工大学(简称NTU)，具体的系叫国立教育
学院(简称NIE)，我们叫他新加坡师范大学。据说NTU的商学院很
有名，教务处的老师介绍学校时说孙燕姿就是那里毕业的，我一面点
头微笑，一面问班里年龄最小的女生："她说的那个人是干什么的?"于
是遭到"鄙视"。

　　因为是热带雨林气候，所以狮城到处都是茂盛的热带植物(只是
我全叫不上名字)。我们学校旁边就是一大片林子，密林深处大概是狮
城国防军的一个轻武器靶场，我们上课的时候经常能听到"噼噼啪啪"
的枪声。每到此时我就开始走神儿，总想着到丛林里和他们盘盘道，
试试他们的SAR80步枪，或是把我在PLA(中国人民解放军)里的朋
友找来和他们比画比画。

　　各个学校、小区和公共场所里也是满眼绿色——大概是因为这地
方每天都恨不得要下一场雨，所以种个花花花草草啥的不用浇水就

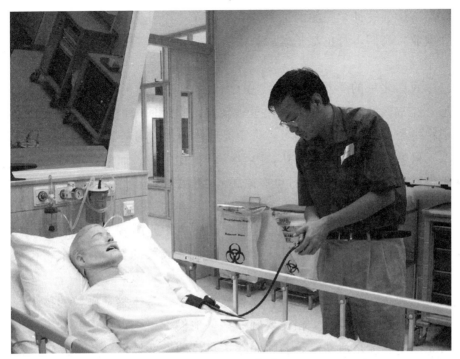

参观新加坡工教院

"嚓嚓嚓"地长。但我始终没搞明白的是狮城人民为啥不喜欢使用纱窗——我们到达的时候，他们正在和登革热症作斗争，重点是灭蚊。他们在草坪里喷药杀蚊，号召百姓不要让窗台、阳台上有积水以使蚊子没有滋生之处。但是狮城的家家户户（至少我所看到的）都不安纱窗。房间里总得通风透气吧，于是小蚊子就呼呼地飞进来了。最惨的一次，我被叮了二十三个包，于是被同学们称为"蚊虫之友"。

忍着蚊虫的叮咬，在蒸人的潮湿中我们开始了学习。NTU 和NIE 的学习条件那是相当的好，因此大家还是很乐意在图书馆里遨游的。我们的课程大约有十几门，因为是中文授课，所以教育学院在教师的选择上颇下了一番工夫，既有本校的教授，也有从狮城教育部请来的官员，教学内容包括经济学、教育管理学、教育统计学、教育定量定质分析、狮城综合经济、教育评价方法等，还有到中学的实习，并为我们专门设立了一个专业图书室。我的数学一向不大好，为了学好经济学、统计学一类的课程，我恶补了一个礼拜的数学。老师们谦和敬业，我们本身也都是老师，讲究尊师重教，因此大家在一起倒也其乐融融。

我们北京的学员基本来自中学，因此对狮城的中小学比较感兴趣，经常四处联络到各类学校里去转悠。临近回国前，NIE 把我们分成小组派到一些学校去实习，近距离地体会他们的基础教育。

狮城的基础教育很发达，办学条件也比较好，而且各学校之间的硬件设施也大体相当（不过也有差距）。狮城教育部的工作职责主要就是管理中小学，每年还要搞各种排名——我的一个老师是教育部的官员，曾经做过中学校长，他曾在几年前把一个水平较弱的"邻里中学"从排名在百位以后提升到几十位，经过后任校长的努力，这个学校成了狮城排名很靠前的知名学校。

我和舍友造访了十几所各式各样的中学，总体感觉狮城的孩子们的学习负担与中国孩子相比要轻一些。他们下午一点以后基本上就没有正课了，全是活动课。老师们除了自己的专业课以外，还要辅导孩子们上活动课，这个有点儿像我们的研究性学习。但是狮城有个政策比较特殊，就是分流制度。这个制度简单地说就是在小学四年级结束以后就把学生按综合成绩分成几部分进行学习。小学六年级毕业时再分到不同的四类学校去学习。同一类学校所学课程也不一样（也分四种）。中学（四年）毕业后有的上初级学院（类似我们的高中，上两年后考大学），有的上理工学院、工艺学院等，划分很细。

这个制度有它的合理性（比如说可以因材施教），与狮城的教育目标、社会需要也密切相关。但我认为，过早地把同龄的小孩子们分成三、六、九等有些不妥，对孩子的身心发展不利，而且过早地接触职业教育、体育、艺术等专门化教育可能会使学生的发展基础不够牢固。2006 年我们回国的时候，听说狮城教育部要对这项制度进行改革。

曾风闻狮城法制严酷，违法乱纪者是要挨鞭子的，而且中学也可以抽学生鞭子。我们在国内就都是遵纪守法的好公民，到了国外更不会给自己的国家惹事添麻烦，因此我们始终没机会看见这"鞭刑"是咋

在南洋理工大学

回事儿。有一次去某个中学交流，提及此事，该校一干部解释说现在中学里几乎也不对学生施以这个惩罚了，但他还是找出了一根鞭子让我们看，看上去那玩意儿真要抽在身上会皮开肉绽的。

学习之余我们也没啥事儿可干，我不大喜欢逛街看电影，所以没事儿的时候除了上网就是锻炼。那个时候我比较胖，所以就想干脆减减肥得了。于是我每天下午游泳1000米，然后晚上再跑5000米，于是我的身材迅速苗条起来。回国前，我看着厨房里的5个空油桶（和国内一样，5公斤装的那种），感慨万千：兄弟们吃了五桶油，我减下来五桶油的分量。回国入关的时候，边检的同志们很是多看了我几眼，多问了我几句。回国后，兄弟姐妹们也一致认为我在狮城受委屈了，怎么解释也不信，于是三天一小饭局，五天一大饭局，局局都替我点一硕大的东坡肘子，说是得补补。

其实我在狮城吃得还不错。虽然狮城的物价有些贵，但我们也不

在教育学院校门口

大吃大喝胡吃海塞，不求吃好只求吃饱和保证营养。我们宿舍四个人，我负责买菜做饭（谁让我四年级的时候就会做饭了呢——穷人的孩子早当家啊），每天晚上搞个简略版的四菜一汤还是很正常的，时不时地还烙点儿饼，包点儿饺子啥的，小日子过得倒也还说得过去。

我们宿舍不远处有一"巴扎"，有点儿像国内的农贸市场。一层是卖菜卖肉的，二层有各种吃饭的排档，祖国亲人来看望我们的时候，我经常请他们在那里吃东西。到狮城之前就听说狮城的"鸡饭"很有名，心向往之。后来在这个"巴扎"发现了一个做"鸡饭"的排档便毫不犹豫地点了一份，结果发现此饭是貌似白斩鸡加米饭的盖浇饭。与此类似的还有"肉骨茶"，点了以后才知道，原来是疑似版清炖排骨加米饭（或许我没吃到正宗的），不过味道都还不错。

狮城的景色很好，除了圣淘沙、东海岸的阳光沙滩和新加坡河畔的旖旎风光，狮城植物园也建设得相当不错，里面种满了各式各样的胡姬花。夜间动物园也颇有些特色，只是有点儿搞不懂他们为什么要把一些猪也拿来展览（也许这些猪的品种比较特殊吧）。给我留下印象比较深刻的是保持着原生态的乌敏岛，我们曾骑着自行车（这可是我的长项）在林荫小路间风驰电掣般地驰骋，在高大的榴莲树下品尝掉落下来的野生榴莲，颇为惬意。说到榴莲，它号称水果之王，巨甜无比，但也有着一种怪味儿，在狮城的公共场所和公交车上是不许携带的。我吃过两次，感觉那种怪味儿是隔了夜的韭菜馅儿饺子的味道。

狮城的百姓比较友善，陌生人相遇也经常会报以善意的微笑。让我有些不解的是凡是货币兑换处都是印度族百姓在操持生意，包括在"牛车水"（就是狮城唐人街）也是如此，大概这个行业让他们包揽了吧。

狮城的百姓由华族、马来族、印度族和少许其他外来人口组成，讲究民族和谐，因此每个民族的节日都要过，再加上是个基督教国家，西方的节日也要过，因此我们经常被告知某天某天不用上课了，放假了，因为过节了，感觉还是比较爽的。

狮城的经济一直还不错，我们回国前他们正在发放"政府红包"，让百姓享受国家发展的成果，这个让我们羡慕了好一阵子。

时间过得很快，一晃一年就过去了，彼此分手的那一刻不少女生（虽然她们的岁数也不小了）鼻子都是酸酸的，我们男生虽然也有些感慨，但回家还是感觉很好。当我走出首都机场面对来接我的兄弟们时，不禁朗声笑道："我回来了！"

英国工作生活见闻

任 莹

任莹，英语教师，2002 年到北京师范大学附属中学工作，2005 年 9 月至 2006 年 7 月在英国研究学习。

2005～2006 学年，我有幸被学校推荐，被英国大使馆文化教育处选中，作为来自北京的三名英语教师之一，被分配到英国 The Crossley Heath 中学做汉语语言助教。

我怀着强烈的好奇心走进了英格兰，走进了英国的基础教育。在教学与生活中，我既有想家的失落，也有成功的喜悦。在此，我略记几个印象深刻的片段，希望能对同行有所启发。

英国学校的管理

英国实行小班教学，令我吃惊的是一个班只有 20 人左右。

学校的最高管理层是一位校长和两位副校长，每个学科都有 Department Leader(相当于我们的教研组长)。我国有班主任，主要负责学生方方面面的事情，这里相应的是 Form Tutor(班级辅导老师)。上课前要去固定教室进行登记，Form Tutor 也会在此期间宣读一些学校的通知。

我们的年级班级相对稳定，但英国学生的班级概念比较模糊。因为学科教师有自己固定的教室，而学生要随着不同的课更换教室。为了使学生有归属感，学校成立了 3 个 house(类似于组)，学生被分在 3 个 house 里。学年结束之时，house 之间的评比成为一种竞争。

与汉语班学生在一起

丰富多彩的课程设置

我所任教的 The Crossley Heath 是语言教学特色学校。英国政府特意拨款为学校修建了一幢专门用于教授外语的语言教学楼，在里面可上法语、西班牙语、意大利语、印度语和中文。设备也很先进，有互动白板、触摸式显示器等。学校还开设了许多俱乐部，最受男生欢迎的是 rugby club（橄榄球俱乐部），现在一闭上眼睛，我还能想起那一群男孩在学校外面的草地上奔跑、冲撞抢球的景象。

我负责的是中午时分的 China Club（中国俱乐部），每周上一次课，学习中国文化。令我记忆犹新的是刚开始上课前，有一个男孩 Lewis非常热情地给了我一块自己烤的饼，然后又自告奋勇地帮我拉学生。我们在课上做过中国结，剪过纸，还写过大字（第一次用毛笔，他们可开心了）。

我还负责每周两次的放学之后对社区开放的成人进修课程。英国人中有很多"活到老学到老"的人。有几位老人家，每次都坚持来上汉语课，留的作业都认真完成。他们的健康水平都很好，也很有幽默感。

有意思的是一个英国家庭，父亲是律师，有两个孩子，每周二晚上从附近一个城镇开车过来上我的两节中文入门课。他们一起学得很起劲，还经常进行对话练习。我临回国时我们所有师生一起去了中餐馆，我鼓励他们用所学的中文点餐，他们则很开心地埋了单。我送给他们中国的风筝，他们回赠给我一盒 Lindt 巧克力。

对于残疾学生的特别关爱

我在 The Crossley Heath 的课堂里看到了一些身体或心智有障碍的学生。有的是肢体残疾，坐着轮椅，还有的是读写有障碍，在理解阅读方面都比正常学生慢一拍。看到他们，我感到有些惊讶，因为 The Crossley Heath 是一所在英国排名靠前的学校，相当于我们的重点校。在中国，这些学生会被安排到特殊学校，接受个别教育（也许是为了因材施教）。但英国政府的态度与我们不同。英国政府给予这些学生更多的关怀，让他们和所有普通的孩子一样，接受相同的教育。学校会为某方面有障碍的学生提供必要的学习帮助。一次听课时，我发现教室里除了授课教师以外还有一位助教，她坐在一位学生旁边，不断与他低声交谈。助教的工作是协助那些学习有困难的学生，因为他们和普通孩子不同，不能马上消化老师教授的知识，需要有人帮他们做更细致的解释和重复。在这些助教的帮助下，很多残障学生都能基本跟上进度，甚至取得优异的学业成绩。我在英国工作的那年，The Crossley Heath 的一位学生会主席就是一位坐着轮椅的十年级男生。

形式多样的户外学习

英国是一个风景秀丽的国家。英国人十分热爱各种各样的户外运动。远足、板球、足球、英式橄榄球、曲棍球都很受欢迎。我刚到英国不久，就收到了附近城市的利兹大学的邀请，邀请我参加每周一次针对各国（主要是欧洲，我是唯一的中国人）语言助教的语言课程。更特别的是，利兹大学外语系有几位退休教授，他们常年热衷于户外远足活动，非常热情地组织周末语言助教野外行走活动。我饶有兴致地参加了几乎所有的活动。在这个过程中，英格兰北部美丽的风光给我留下了深刻的印象，在长达几个小时的行走活动中，我和多位来约克郡教外语的欧洲青年进行了交流，对欧洲文化有了更深的了解。

在英国的中学，学生的外出活动既频繁又丰富多彩。所有的活动都能做到主题突出，周密计划，精心组织。英国将许多文化遗产作为教育活动基地，供学生外出学习。每次活动一般由业务水平高的教师开展教育、组织活动。我在那儿时，外语教研组组织过一次去中国的活动——访问友好学校、参观北京长城和西安秦始皇陵兵马俑，一次去法国的游学活动，一次去德国的游学活动。因为法语和德语是学校教授的语言，每年教师们都尽量带学生去法、德不同的地方，以开阔师生的眼界，操练目标语言。地理教研组的活动更加丰富，他们曾经组织学生去苏格兰高地测量水利，去英格兰湖区进行爬山、越野、射击、划船等一系列挑战自我的户外活动。历史教研组组织过学生去博物馆进行一天的历史之旅，了解罗马人在英国的统治历史，并进行泥塑作品制作、模拟考古测量等学习活动。

我印象最深的是有一次跟随地理教研组去附近的一个废弃煤矿实地学习——英国北部在19世纪进行工业革命时挖掘了不少煤矿，其中一个被较好地保存下来，作为学生体验学习的场所。在这个"mining museum"（煤矿博物馆）里，身着当年矿工服装的工作人员将学生带回到200年前，让学生对200年前矿工们的生活进行感性的认识与体验。我戴上矿工帽，坐着吊车深入煤矿，和英国师生们一起在低矮的煤矿隧道里爬行，由此对英国的户外学习也有了很深的感受。

别开生面的开放夜

The Crossley Heath 和许多英国学校一样，有一个每年举行一次的活动——opening evening（对学生家长开放的夜晚）。中国学校的校园开放日一般是家长来学校听课，以了解自己的孩子在校的学习情况。而 The Crossley Heath 的 opening evening 主要是邀请所在地区六年级的小学生和家长参加，目的是展示学校的特色，争取来年的生源。

学校很重视这一活动，从下午就开始进行准备活动，主要是布置教室和准备接待用的点心。学校食堂做了各种各样的西式甜点，并送到各个教室。外语组的教室里贴满了学生做的有关外语学习的海报，音响里播放着悠扬的外文歌曲，桌上摆放着各式各样外语学习的书籍。

六点过后，家长们带着孩子陆陆续续地来了。他们随意地参观学校的各个部门，选择在不同的教室参加活动，享用放在教室里的点心。我在外语组的教室里摆放了从国内带来的笔墨纸砚，并进行中文书法的展示，吸引了不少学生和家长。他们纷纷询问我所写汉字的意义，并请我为他们用毛笔写他们的中文名字，让我忙得不亦乐乎。

英国文化

以上是我在教学中的一些点滴感受。在英伦一年的生活中，我对英国人和英国文化也有了一定的了解。我的最大感受是：传统与现代并存，矜持与狂热交织。但愿我的亲身经历和以下的感受能帮您更深地了解英国文化！

● 英国人的礼貌与耐心

英国一直以"绅士风度"闻名于世，在我看来，这的确名不虚传。他们与我见面时常亲切地询问我的情况，而并不是像教科书上那样开始谈论天气。在英国最常听到的一个词就是"cheers"——其实就是用随意的方式说"谢谢"。常听到下公共汽车的乘客向司机说"cheers"，商场里的售货员和顾客也常常互道"cheers"。

英国人的耐心也令人佩服。在售票处、银行、超市、车站等处排队的人们绝无插队现象，小小的排队映射出文明与进步。

● 舒适的住房

英国人的住宅实在令人羡慕。他们大多住在一栋独立的二层小楼里，还带花园和车库。房子周围是田园环境，小河流水，绿草如茵，十分宁静。

我在英国的这一年租住在一个体育老师的家中。她和男友竟拥有大小十个房间，楼下的客厅富丽堂皇，小花园里种满了各种美丽的鲜花。一个普通的中学教师竟有这样好的房子，令我十分吃惊。

● 先进的金融

英国的金融业十分发达，英国人很少携带大量现金，购物、吃饭、旅行大多用卡付账，十分安全和方便。我后来去湖区、苏格兰等地旅游都是提前在网上买好往返火车票，订好住宿，用信用卡支付，还省了不少钱。

● 免费福利

英国政府给国民提供了很多社会福利，其中一项是免费医疗。每个人都有一张医疗卡，在附近的社区医院看病。看病要事先预约，只收取象征性的处方费（几英镑），药品是免费的。另外，英国的几乎所有博物馆、科技馆、艺术馆和图书馆都是免费的。在伦敦，我曾三次出入世界最大的博物馆——大英博物馆，大量的各国历史文物令我大饱眼福！

● 狂热的英国球迷

在英国，随处可见在草地上踢球的孩子们。英国人对于足球的狂热名不虚传。我在的那一年正赶上四年一度的世界杯，英国人喜欢到酒吧看球，每场比赛各个酒吧都是座无虚席。比赛开始后，球迷的呐喊声、热烈的鼓掌声、失球的遗憾声、进球的欢呼声时时响起，令人震撼，久久难以忘怀！

总之，英国文化有许多可借鉴之处。当然，他们也有令人担忧的社会顽疾——如酗酒闹事、少女妈妈、足球流氓、吸毒贩毒等。

感谢汉语在世界上日益强大的影响力，使我有机会到英国感悟她的文化，同时也传播自己祖国的灿烂文化。一年的时间我得到了很多好心人的帮助，有了一段难忘的人生体验。五年过去了，我仍然很怀念我在英国曾经住过的那个小小房间、那些温暖的记忆。

行走悉尼

刘蔚岚

刘蔚岚，英语教师，2007 年到北京师范大学附属中学工作，2006 年 2 月至 2007 年 3 月在澳大利亚留学。

人生就像一场旅行，不必在乎目的地，在乎的是一路的风景和看风景的心情。蓦然回首，回国已有四年多了，忙忙碌碌，无暇回顾。经常被人问起出国感受，细细想起，悉尼是个很美的城市，虽然在那儿，我时常觉得有点无聊，但当我真正离开时，回忆里居然都是满满的美好。透不过气的论文被抛到脑后，充斥在我脑中的居然是悉尼湛蓝的天空和海水，还有四季的好天气。

出　发

2006 年 2 月 20 日，刚刚大学毕业、尚未经历太多世事的我，独自迈出厦门安检，转身挥别家人。从那一刻起，我知道，我在走我自己的路了。希望一年以后的我是勇敢坚强的。要勇敢，最大的对手是自己的怯懦。

把 40 公斤的两个大箱子托运，随身拖一个个头小、分量却不轻的小箱子，以及一个装满书的电脑包和一个单肩背书包，我的环游就开始了。行程还是挺顺利的，早晨被厦门的安检小小的为难也在妈妈的帮助下轻松化解了。

11:20 飞机抵达北京，把大行李寄存后，我打车去阿姨家看望奶

在悉尼海港大桥前留影

奶。奶奶很高兴，也很不舍，给我煮了泉州传统的面线鸡蛋为我送行。在泉州人的心目中，临行前的面线鸡蛋代表着最深的祝福。和爷爷奶奶合了影，照片里所有人都是微笑着的。只有微笑，才能让彼此更放心。

打车赶回机场，飞机 18:25 起飞，要提前 3 个小时进关。站在北京海关关口，迷茫和恐慌突然一阵阵地袭来。我不知道有什么在等待着我，我该如何应对。

手足无措时，在出关前的最后一刻，电话铃响了，是朋友打来的。他说打一下试试，看我是不是正在飞机上，没想到却通了。感动，深深地感动。知道身后有很多朋友在为我祝福，一路前行的我仿佛拥有了巨大的财富。谢谢你们，我的朋友，你们的祝福和帮助，让我更有勇气、更加坚强。

推着比我的体重还大的行李，交了申报表，换登机牌，托运行李，然后推着随身行李进了候机厅。和国内航班的候机厅不同，国际航班的候机厅很安静，没有人说话，每个人都在做着各自的事情。

我乘坐的航班经停上海，真正的出关其实是在浦东。空姐说经停一个小时，我原以为有空闲可以稍微休息一下因为把所有随身行李拖下飞机而累得无法伸直的手指，没想到时间很紧，过摆渡车，填出境申请表，排队出关，很快又上飞机了。再次把行李折腾上飞机时，我已经精疲力竭了。

抵　达

2006 年 2 月 23 日，飞机在云层里穿行，云在机窗边流动，一绺绺，一丝丝。穿过云层，悉尼一点一点出现。房子矮矮小小的，但都被树木紧紧环抱着，这么"奢侈"的绿在中国很难见到。心里正在嘀咕能不能看见地球人都知道的歌剧院呢，白色的小帆突然就闪现在眼前了。然后就是著名的悉尼大桥，从飞机上看过去就像在"世界之窗"里看到的微缩景观，十分精致。偶尔有一两座高楼。公路很宽，路上跑的车不多，没有车水马龙，没有喧嚣繁华，甚至有一点落寞的味道。一个很广、很平的水面上（我一开始以为是个大湖，实际上是海湾），静静地散落着许多白色的小船，两艘飞驰的快艇蜿蜒划出两道白色的水线。金黄色的长长的沙滩上，空无一人。

飞机滑过水面，一阵轰鸣之后，降落在悉尼机场，我跟随它闯入了这片完全陌生的土地。这里，天空蔚蓝，阳光明媚。

悉尼机场有 14 条行李带，但在我们到达期间，只有传送我们这个航班的 9 号行李带在工作，也只有我们这一班飞机的人在等行李。整个机场寂静而空旷，完全不似北京机场的熙来攘往。半个小时以后，我带着满满的一车行李准备入关。

机场工作人员把我们疏散到各个海关关口，过关比较简单，问了两个简单的问题就放行了。因为申报了携带中药材，机场要求检查行李。检查人员也是随口问了问"有没有携带食品"等后就放行了。

推着车走出海关，接我的阿姨一眼就认出了我，阿姨的先生 Peter 很开朗，很热情、也很健谈，一同来接我的还有他们的三个孩子。

蓝天碧海，阳光沙滩，白帆黑桥，敞篷车，火辣美女，我来啦！

阿姨家在悉尼北部。这里都是独门独幢的小楼，雕花的门窗，精致的屋顶，五颜六色的墙。每一个小别墅都被铺满草坪的小庭院包围着，空气中处处弥漫着花香，宁静，安详。

Peter 和阿姨对孩子们的中文学习的要求非常严格。每周都会带他们去上中文课，周五晚上还专门留出了练习中文的时间，在家里要求孩子们尽量说中文。或许，只有常年身在国外才能更深切地体会到母语的亲切。

生　活

安顿下来首先需要解决住的问题。和国内大学生活不同，悉尼大学不为学生提供宿舍，因此需要自己去租房子。租房子有点像相亲，得两相情愿。终于碰到了特别心仪的房子，价钱适中，位置也合适，便开始了一趟趟跑中介、跑银行的过程。银行的材料有严格要求，不仅要看你的存款余额，还要看你的资金流动情况，还有身份证明、收入证明、驾照、租房信用证明等。把所有材料递上去后，就开始了漫长的等待。悉尼人生活悠闲自在，办事效率也实在是慢得惊人。我这样一个急性子的人，在悉尼居然也被慢慢磨出来一份悠闲散漫。

房子申请下来以后就可以安排买家具、家电的事情了。澳大利亚的房子一般都是不带家具和家电的，这样可以减少被扣押金的风险。从长远来看，这还是比较合算的。全新家具、家电很贵，二手的就可以，但是需要运气和货比三家、走断腿的耐心及勇气，运气好的时候"淘"到既便宜又好的全新家电也是可能的。

家具买好，屋子收拾完毕，然后就是选择煤气公司、电力公司和电信公司了：在各个公司名目繁多的套餐面前，根据自己的需要选择最适合的水、电、气、电话和网络宽带。

经过两个星期的"鸡飞狗跳"，终于在上课的前两天大功告成，可以松一口气了。

开　学

开学了。学校每年都会为新生组织 Orientation Week（迎新周），和国内大学的迎新差不多，但是学校为留学生准备的学习、生活等各方面的资讯相当细致和丰富。在 Orientation Week 中，各个社团大张旗鼓，介绍各自的特色，并且还开办各种 Workshop（研讨会），帮助新生了解学校设施、社团活动，甚至悉尼的交通、通信、生活。在悉尼大学，Orientation Week 对于新生而言是一个有益的开始，在它的帮助下，新生在这里的学习和生活将会方便很多。

开始上课了。在悉尼大学借书是件非常有意思的事情。有一次，

悉尼大学主楼

由于论文需要，我在图书馆里预定了一本书，但这本书悉尼大学图书馆没有馆藏。令我十分惊讶的是，图书馆工作人员竟为我满世界联系，澳大利亚、新西兰、美国、英国，终于找到了一本，在美国俄亥俄州立大学图书馆里。但是它已经被借出了，要到 12 月才能还回。图书馆工作人员告诉我，如果到时还需要的话，2007 年 1 月再预定一次，他们给我快递过来。

从这次借书，我深深体验到了悉尼大学图书馆的博大及其工作人员的认真负责。悉尼大学的 Fisher Library 是南半球最大的大学图书馆，由多个部分组成，新老建筑相互结合，交通流线清晰，馆藏极其丰富，与世界各国名校的交流也极为便利。这一点，我算是亲身体会了。

悉尼大学图书馆

论　文

这次留学对于论文所谓 deadline（最后期限）的含义，我也理解得淋漓尽致。那就是，到期必须交，不得拖延！

紧赶慢赶，在最后期限前，我终于把心理学的作业写完了。这次心理学的作业是小组作业，四个人为一个小组，我们组的研究任务是考试焦虑。作业的呈现方式是小组论文一篇、个人论文一篇以及个人展示一次。

最后期限的那天凌晨三点半，MSN（微软公司推出的即时消息软件）上还异常热闹，大家依然在为作业而奋战。凌晨 4 点回到家，睡下。9 点半，小组里韩国同学 Jeong Ah 的电话把我叫醒，迅速喝杯咖啡，塞口蛋挞，坐火车直奔悉尼大学教育学院。在门口碰到一行交作业的同学，中午 12 点是交作业的最后期限。我到达的时候已经是 11 点 15 分了。仔细看了几遍，没有发现问题，然后我又问了边上的同学好几遍"是不是这个箱"，因为扔错了就没法向组员同学交代了。到此，第一学期的第一个大作业终于告一

写论文时所参考的书籍

段落。临阵磨枪真的不是一个好习惯，还是应该安排好时间。

老　师

　　Ray Debus 教授，是一位退休后被返聘的老教授，他是我在悉尼大学最喜欢的老师。喜欢他经历岁月后的淡定，以及掩藏在皱纹里的深邃。老师可爱得很，虽然发音含糊不清。在习惯了他那口咕噜英语之后，我猛然喜欢上了他随口吟出的某人某年某研究的某结果。术业有专攻，它让我们看到了老师一生的努力。

　　一天早上，我还在迷迷糊糊地睡着，手机响了。我以为是闹钟，习惯性地按下了诺基亚手机右边红色的键，继续呼呼大睡。过了没多大一会儿，室友来敲我的门，说有我的电话。正在嘟囔怎么大清早有人给我打电话呢，电话里传来了 Debus 教授混浊而熟悉的声音，一下把我给吓醒了。他让我有时间去办公室找他，说是我的作业出了一点问题。这可不敢怠慢，匆匆拿上论文到学校。

　　老师不在办公室里，于是在外面候着。办公室不大，却有一个连着天花板的高大的书架，外加一台外表上看去有些"古董"的电脑。办公室的斜对角就是复印室，往里一瞅，老师正在复印厚厚的文档。看见我来了，顺手把文档交给我，然后我跟随他进到办公室开始了谈话。

　　原来我犯了论文死忌了！一小段直接引用的文字，我没有打上引号并标明出处，这在老师看来，无疑等于部分抄袭。对于论文而言，抄袭，哪怕是部分抄袭，都应该被直接枪毙。老师把他加上的页码和引号指给我看，原来他早已把我的引用出处找出来了。这种错误的后果非常严重，还好 Debus 教授及时给我提出来了，最后他让我再附上一份补充材料即可，补充材料在学期结束前交。

　　谈完了这篇论文的问题，我顺便问了下一篇论文的事情，才知道刚才教授复印的文章就是给我的下一篇论文的主要参考材料，他还另外介绍了 3 篇我能用得上的文章。不知什么时候，老师把我第一节课时写的自我介绍翻了出来，仔细研究了一下我的背景和学历，估计是想要从中找出我这次没写好论文的原因。我既羞愧又感动。

我一定要努力写好补充材料和下一篇论文，就为了老师那蓝绿色的期待的眼神。加油！

杂 记

在悉尼的生活有很多第一次。作为南方孩子，我这辈子见到雪一共也没几次，居然胆大包天跑去滑雪。滑雪非常有趣，但是我忘了最重要的一点，我是个小脑不发达的体育"白痴"，挑战如此高难的运动项目简直有点自不量力。但不管怎样，我摔得很开心——从小小的山坡上勇猛地往下摔跟头，膝盖被雪靴别得很疼。

滑 雪

我去滑雪的雪场叫 Perisher Blue，它位于澳大利亚国家公园内，是澳洲三大滑雪场之一，是最适合初学者的场地。Perisher Blue 由三层雪场组成，山底是 Smiggin Hole，相对较小，中间是 Perisher Valley，很宽很大的雪道，坡度也适中，是这三层雪场中滑雪人数最多的一个。山顶的 Blue Cow 雪场，既有很好的景观，又有很平缓适合初学者的场地，也有很陡峭很长的适合高手的雪道。

　　应该说，我是幸运的。我零距离地接触了澳洲，接触了那里的生活和教育。这一份经历是我生命中宝贵的财富。在那里，我收获了知识，懂得了独立，经历了成长，学会了感恩。这所有的收获，在我未来人生道路的行走中，可能无法让我时时想起，但是它永远不会被忘记。

AFS 美国之行

周　莉

　　周莉，英语教师，2003 年到北京师范大学附属中学工作，2006 年 8 月至 2006 年 12 月作为汉语志愿者去美国教授中文。

　　2006 年 8 月 12 日，我踏上了去美国的飞机，开始了难忘的美国 AFS 国际文化交流之旅。

　　我作为北京师范大学附属中学选派的老师中的一员，在与其他来自全国各地的老师经过了一系列的紧张角逐之后，有幸入选赴美交流的 25 人访问教师名单。从 2006 年 8 月到 12 月，我在位于美国西部的俄勒冈州的 Roseburg 的 Eastwood Elementary School 和 Cobb School 工作和学习，期间还参观访问了一些其他的学校，这 5 个月在美国学校的亲身体验给我留下了深刻的印象。

美国第一站：长岛大学

　　那天我经过 20 多个小时的长途飞行，到达了美国纽约的肯尼迪国际机场，AFS 的志愿者老师把我们接到了长岛大学，到那里的时候已经是深夜 11 点了，在举行了一个简单的欢迎仪式以后，就给我们分配了宿舍，匆匆洗漱，我很快进入了梦乡。

　　第二天一早，可能是因为时差的关系，大家都起得很早，在校园里到处逛逛，拍照，看风景，看英文的标识牌和各种各样的广告。印象最深的是停车场的布局，那里最大、最方便的停车位是预留给残障

在美国长岛大学

人士的专用车位，这些车位可能常年空置，但是这个看似简单的车位设计，却让人感受到了人文关怀。散步回来，到餐厅用完早餐，我们就开始了为期五天的学习集中营。早上8点半，我们到了一个放了十几个圆桌的大厅，那里还有来自泰国、柬埔寨和一些南美国家的老师，一共60人。一个圆桌为一组，每个组由六七个老师组成，同时配一位AFS的导师作为组长，我们的导师叫Joanna，她非常敬业，每次给我们上课她都特别认真地回答我们问的每一个问题，预先替我们想到我们会遇到什么样的困难，并告诉我们如何去面对困难、解决困难。

我的家人

结束了五天的集中培训，我们随即奔赴美国各地。我的目的地是俄勒冈州的Roseburg小镇，位于美国西海岸。经过一路转机和十几

与 Homestay 的家庭成员共进晚餐

个小时的长途飞行，我们到达了波特兰。在波特兰机场，我们分别被各自的美国接待家庭接到自己在美国的"新家"，那天到机场接我的是可爱慈祥的 Pat 妈妈，她一个人开了近四个小时的车来接我，还给我带了见面礼物，一只可爱的 Teddy 小熊。一路上她一直给我介绍她的工作和生活，她是私立学校 Cobb School 的幼儿班老师，Cobb School 也是我要工作的地方之一。她说 Les 爸爸和她同岁，是一个理疗师，因为不是周末所以不能来接我，但他在家做了丰盛的晚餐等我们。

我喜欢在家里吃晚饭，就像在开一个小型谈话会，可以谈谈每天发生在身边的事。我的接待家庭对中国非常感兴趣，中国和美国的文化差异是我们的主要话题，经常从晚上七点一直谈到十点。若不是第二天早上要工作，也许都不会结束。

穿梭中的忙碌

在稍作休整后，我开始了在美国的文化交流活动。在国内的时候，得知自己在美国要到两个学校工作后很开心，以为一个学期去一个学校，可是到了 Roseburg 才知道我是周一和周三在私立学校工作，周二、周四和周五在公立学校工作，时间安排得满满的。8 月底美国开学了，我在两个学校分别结束了一周的课堂观摩后，就开始给学生们上课了。公立学校 Eastwood Elementary School 一共 14 个班，私立学校 Cobb School 一共 6 个班，我每周一共 26 节课，三天在 Eastwood Elementary School，两天在 Cobb School。每天的交通是 Pat 妈妈开车把我从家里带到 Cobb School，如果我那天该在 Eastwood Elementary School 工作的话，那么我的导师 Jenny 会开车到 Cobb School 接我。我工作的主要内容是让学生们了解中国文化，给他们介绍我所在的学校——北京师范大学附属中学；教他们学写中国的汉字，画中国地图；教他们中国的剪纸；教他们包饺子；教他们打太极拳和做中国学生的广播操；介绍中国的传统节日，让他们体验中国的春节。应该说，我的工作还是卓有成效的，Cobb School 的学生们现在每年都会有春节的庆祝活动，还有学生的舞龙表演。

文化差异源于闭塞，我去的是美国的一个普通小镇，镇上大概有80000 人。美国虽然是个发达国家，但其实在生活上跟中国没有什么区别。小镇上的人们对中国所知不多，特别是对现在的中国了解很少。在课堂上，我向美国学生展示了北京师大附中的一些照片，孩子们都惊呆了，问了我一连串的问题。"这个是你们的校园吗？""太漂亮了，很现代，比我们的学校好多了，你们上课要用电脑吗？"……我说：这的确是我们的校园，我们的学校有一百多年的历史，但是仍然很现代和富有活力；上课的时候，老师常常会用电脑作为教学的辅助手段。还有一个孩子的提问让我记忆深刻："你们是不是骑着马或者走着去上学？"我说："我们其实跟你们一样，一些同学坐公交车，一些同学坐地铁，一些同学骑自行车，一些同学走路，还有一些同学是由家长开车送到学校。"这些问题都是因为他们对我们的不了解，这些美国孩子和一些大人对中国的印象还是停留在 20 世纪 80 年代或者更早的时候。

Eastwood 学校工作证

美国教师的办公场所通常是自己上课的固定教室，每个老师都会在教室的布置上花很多心血，在这里可以感受到不同教师和不同教室的个性和氛围。教室里，有教师自己给学生建立的小型图书角，或者在教室里开辟出一块地方作为学生自由发挥的园地，用来展示学生的作业和成果。教室里的布置也会让人感受到季节的更替和节日气氛。万圣节时，老师会放置很多造型各异的可爱南瓜；感恩节时，会放很多学生上课时用各类谷物制作的火鸡图画；圣诞节时，会摆放圣诞老人和圣诞树等。

Cobb School 学生的课余生活很特别

美国学校有着丰富的课余活动。

在 Cobb School，每年万圣节的时候，学校都会组织全校学生到农场上去采摘南瓜。鉴于学校没有专门的校车，学校就发动家长们给学校当志愿者司机，一辆车带上 4 个小孩前往农场。到农场后，家长和孩子们一起坐着农场的敞篷车去摘自己喜欢的南瓜，摘好南瓜以后，大家还会在农场的玉米迷宫玩一会儿，然后再各自上车回到学校。大家把南瓜拿到学校后，就开始制作南瓜灯，然后大家再把自己亲手制作的南瓜灯放到教室的外面，形成独特的校园一景。

每年的 9 月，Cobb School 会组织 Medium Level（相当于初三）的学生，到相邻小镇的莎士比亚戏剧社去看演出，看演出之前会让学生体验剧中的角色，了解戏剧的发展史等，以便他们在观赏戏剧的时候能够更深入地理解剧中的故事情节，更懂得欣赏戏剧。每年的 11 月，作为教会学校的 Cobb School 会邀请所有的家长和小镇上的名人参加学校的感恩聚会，在这个聚会上，大家可以说出自己这一年最想感谢的人和事，Cobb School 也会在这天筹到很多的善款用于学校的建设。

Eastwood "快乐阅读" 去中国

美国的学生酷爱读书。在 Eastwood Elementary School，从学校的校长到老师都很重视学生阅读能力的培养。2006 年是他们的"Read to China"阅读活动主题年，在图书馆老师的策划下，他们把学生要读的书目根据不同的难易程度设定为不同的里程，每读完一本书就给孩子们折算向中国走了相应的里程，这样全校的同学都在为累积更多的里程到中国而读书。学生们本来是 9 点才上课，但学校的图书馆往往在 8 点 20 分的时候就已经有很多学生来读书了。学生每读完一本书需要去计算机房进入阅读测试系统，完成针对这本书设计的阅读理解题目后才能获得相应的里程。每隔 2 个月，图书馆的老师会把学生读书所积累的里程向全校公布，告诉大家现在离中国还有多远的距离，这个时候他们还会介绍中国的文化等，并制作一些与这次阅读主题年有关的可爱的 Flash 动画文件，鼓励全校学生继续阅读。这时，学生们见面聊的主要话题并不是你玩了什么游戏、看过哪部电视剧，而是最近读了哪些好书，相互推荐书目，分享感受。

给学生讲中国历史与文化

可爱的美国老师们

很佩服美国的老师们，从幼儿园老师到初中老师，都是一个人教所有的科目，如英语、历史、写作、数学、科学等。一开始我觉得老师们都是独当一面，大家应该不会交流有关教学的问题。可是我慢慢发现，在校长的带领下，Eastwood Elementary School 的学术氛围非常浓厚，学校每半个月就会有一次全校教师都参加的学术会议，有时候是由在外地参加完培训或者参观的老师回来做经验分享，有时候是某种新科技软硬件的培训，例如如何使用电子白板等。在很多中国人看来，美国学生们自由度很大，老师们应该不会管纪律方面的事情，可是在 Eastwood Elementary School，老师们会专门拿出一个下午的时间来讨论如何帮助那些学习有困难的学生和纪律方面有问题的学生。这个时候教师们会自由地分成四五人的小组进行讨论，其中一个老师用马克笔把大家讨论的观点记录在一张大的纸上，在讨论结束的时候，各组把讨论成果贴在会议室的墙上，并派出代表给大家汇报。例如，试着去了解他们，关注学生和他们的家庭背景；投入时间寻找相关者的帮助；找到学生感兴趣的体育活动或特殊的才能；建立最有帮助的互助小组，培养他们的团队意识和精神；持续不断地支持学生，运用各种不同的策略帮助他们，并且绝不放弃他们等。

我和我的学生们

在 Cobb School，也有类似的会议。由于各年级只有一个班级，甚至还有混年级的班级，老师不多，也就七八个，私立学校的会议更像家庭的聚会。每周一次的例会，总会有老师在桌上摆上自己制作的甜点等食品，让大家品尝，大家在轻松的氛围中把下一周的教学计划和这周的教学情况向校长和董事汇报。下周是万圣节，大家就会把各个班级的庆祝活动向大家公布，一起分享自己的经验和做法。老师们互相提醒节日那天要把自己装扮起来，例如，美术老师把自己装扮成猫人，而中级班的老师以海盗的形象出现，幼儿园班的老师则是可爱的白雪公主扮相。总之，那天学生和老师都会以全新的形象出现，尽兴地玩，并拍照留念。

在参观访问期间，我看到了美国教育中值得我们学习的地方，也更加深刻地了解了自己的国家。通过这次文化交流活动，我发现我的努力没有白费，起码我使许多美国人对中国的沉闷印象变得鲜活有趣起来。与此同时，我的英语口语水平也大大提高了，还学到了很多优秀的英语教学方法，这些使我在后来的工作中受益颇多。

那些人　那些事

张媛媛

张媛媛，英语教师，2002 年到北京师范大学附属中学工作，2006 年 9 月至 2007 年 7 月在英国做中文教学工作。

在英国伦敦

——有一些人和事，遇见了，便注定会在生命中留下印迹。

从英国回来已经三年多了，但那里的一切依然清晰如昨。广袤的绿野、明朗的蓝天白云、香甜的气息和迎面而来的笑脸，仿佛触手可及。

当时我住的地方远离 Birmingham（伯明翰）市中心，是个富人区，自然环境很好，到处郁郁葱葱，环抱不及的老树随处可见，俨然一个开放的公园。人们一般居住的都是两层的独栋别墅，每户的间距很大，屋内宽敞舒适，前面是整洁的庭院，后面有漂亮的花园。清晨的露珠与鸟鸣、傍晚的微风和夕阳，都让人沉醉。

当然，那时在英国，首要的是工作。我参加的是英国大使馆文化教育处组织的一个项目，所在的学校是第一次开设汉语课程，校方热情十足，但没有任何经验，一切都是从头开始。关于汉语教学的所有工作，从编制课程纲要到规划实施细则，从购置教材到搜集制作素材，从课堂教学到考核，每一件事都需要从头开始做，这无疑是很大的挑战。但也正是在这个过程中，我得到锻炼和提升，并受到充分的肯定。

汉语教学的顺利开展使得校方探索中国文化和教育的步伐不断迈进，2006 年年底，Colleen 校长提出要到北京访问，特别是要到北京师大附中交流学习，让我负责联系。2007 年春天，当她结束访问回到 Solihull，更是为北京的繁荣和附中教学理念的创新先进、教学设施的现代完备及学生的全面发展而感慨不已，并立刻向董事会汇报，着手策划让更多的老师和学生来附中交流学习。而我，在忙碌之中，也走进了他们的各科课堂，发现不管是语言、经济，还是手工、绘画、地理，都有那么多新鲜的东西等着我去学习和体验。

工作之余，我是一个背包族，简单的行装，一张车票，便可以出发，很快就走遍了南北。英国虽小，地区差异却很大，我徜徉在剑桥的河畔、约克的城堡，被那些各具特色的风光深深地吸引。行走在那些繁华的充满着异国情调的街头或者静谧美丽的公园，看着行色匆匆为工作为生活为休闲的人们，感受着生活在别处的不同，也经历着某时某刻思念某个人的刻骨铭心。

然而，回来之后，当被问到英国让我印象最深的是什么时，我觉得还是那里的人。我所接触的英国人不像之前听说的那样冷漠拘谨，他们对待工作严肃认真，原则性很强，生活中却是风趣幽默、热情友好。最重要是"真"，说要邀请你到家里做客，就绝不是客套而已，上一席话谈到，马上日子就会定下来。他们如果认识你并视之为朋友，便会把你介绍给自己的朋友，在那里，你会受到同样的对待，没有亲疏之分。也因为这个缘故，我在那里不久，便融入了一个不小的社交

和英国学生游学在法国

圈，家庭聚会、社区活动、结伴出游，深入到他们的生活细节中，感受到了真正的英国文化。

我接触最多的，莫过于房东了。刚到英国时，我住在一个学校同事的家里，我们每天一起上下班，在一个办公室办公，这使我见证了一个英国老师的繁忙工作。后来搬到Julia家，她的丈夫、孩子都不在身边，我们相互为伴。Julia人很和善，能提供方便的地方总是不用我开口便主动提出来。最让我感动的是邀请我两位从美国去英国旅游的朋友住在她家，当时恰逢其中一位过生日，我俩一起做蛋糕、做菜，还叫了另外几个中国朋友过来搞了一个很温馨的生日聚会。

说到做中国菜，Julia刚开始是不太习惯的，这可能和英国人的保守有关吧。英国人做菜没什么花样，无外乎煮一煮、烤一烤，饭桌上基本是老样子，最可乐的是做同样的一道菜，每次都要翻菜谱。Julia第一次见我炒西兰花都颇为惊讶，土豆丝端出来根本不知道是什么东

临行前和英国学生合影

西。我们共用一个厨房，做饭的时间都错开。但是闻过几次香味之后，她就开始在我做饭的时候往厨房跑，我心里一乐，就邀请她尝，后来干脆我们都在家的时候就她买菜我来做，吃得特好，我还省了伙食费。从简单的清炒时蔬、西红柿炒鸡蛋、糖醋排骨、啤酒鸡翅、红烧肉到油焖大虾，在 Julia 眼里，我就是个食神。后来她朋友约她去吃印度菜、西班牙菜，她都不去，因为中国菜好吃；中国餐馆她也不去，因为不地道。再后来，她的朋友都被她"馋"到了家里，请我做菜吃，我再顺便给他们扫盲一下中国文化，讲讲中国的发展现状，心里别提有多美了。

　　这种做中国人的自豪感在我后来行走各地时不断地加深。在英国，想要开设汉语课程的学校越来越多，没有条件单独请的，哪怕通过电视教学也要让学生感受一下；在法国，人们会说中国这头熟睡的雄狮醒了；在美国，人们会笑着用生硬的"你好"跟我打招呼；而不管在哪儿，走在街头，别人都不再会因为我是黄皮肤就问我是不是日本人或者韩国人……

　　时光飞逝，转眼就到了离期。临走的时候，Julia 问，在我眼里，英国人有哪些不同。我没有办法回答她，因为这一年的相处让我发现原来我们是如此的相同。和平的世界、安稳的家园、彼此的真诚相待，哪一样不是我们共同期许的呢？而我们，只是需要走近彼此，一如我这一年的生活。

桃李不言　下自成蹊

——日本广岛之行有感

徐　兰

徐兰，外语教师，2003 年到北京师范大学附属中学工作，2006 年 10 月 1 日至 2006 年 11 月 30 日在日本研修。

2006 年 10 月，我经中国教育国际交流协会推荐，由学校选派去日本广岛市参加了"广岛市海外日本语教师养成研修"项目。虽然时间只有短短的两个月，但对我来说受益匪浅。感谢北京师大附中给了我学习和锻炼的机会。我将在北京师大附中这片人生沃土上，继续无悔地耕耘。孟子曾说君子三乐之一为"得天下英才而教育之"，我愿以此为座右铭，达成朱正威老校长所赠诗中描述的境界：

> 徐徐春风来，
>
> 兰芷满园开，
>
> 快哉逢盛世，
>
> 乐意满胸怀！

一起参加"广岛市海外日本语教师养成研修"项目的还有来自西北外国语大学和西南民族大学的两位日语教师。我们学习的地方叫广岛国际学习中心（以下简称学习中心），这里只有老师和工作人员是日本人，其他都是从世界各地来学习日语的外国人。因此，平时除了日语外，还可以听到带各种口音的英语和其他语言。大家在一起交流时，有时难免会有语言上的障碍，但是加上丰富的肢体语言之后，反而变得更加快乐了。

在广岛国际学习中心教室

在学习期间，我们得到了广岛市知事的接见。他对我们说："此次研修费用全部由广岛市政府承担。目的是提高中国教师的日语教学能力，促进日语在中国的普及和推广。希望你们为日语推广及日中友好作出贡献。"学习中心给我们精心策划了丰富有效的课程训练体系。课程除了日语教学基本功的培训课以外，还包括茶道、花道、书道（书法）、祭酒仪式等日本传统文化课，并且还为我们安排了学校、博物馆、丰田汽车厂、NHK（日本广播公司）放送局、历史遗迹等的参观活动。通过这些课程，我不仅亲身体验了日本的传统文化，而且加深了对日本社会的了解。很多经历都给我留下了深刻的印象。

参观广岛和平纪念公园

10月13日，我们参观了位于市中心的广岛和平纪念公园。

公园里矗立着和平纪念碑（原子弹爆炸圆顶屋），这是广岛遭原子弹轰炸之后保存下来的唯一遗址。它原本是广岛物产陈列馆，是一座由捷克设计师设计的十分富有异国情调的建筑，于 1915 年竣工并投入使用。1945 年 8 月 6 日，一颗原子弹刹那间让整座城市变为人间地狱，近十万人瞬间丧命。位于爆炸中心的物产陈列馆也被烧得面目全非，只剩下残缺、烧焦的外壳。为了让人们牢记战争的残酷，广岛市议会决定永久地保留这座被原子弹毁坏的圆顶屋，并以其为中心修建了和平公园。1996 年广岛和平纪念碑被列入《世界遗产名录》。

公园中除了纪念碑外，还建有和平纪念博物馆。博物馆分为东馆和西馆，东馆以模型、影像、图片等形式介绍了核炸爆前及重建后的广岛。通过走廊进入西馆，扑入眼帘的是墙壁上黑雨的痕迹、烧焦了的死难者的遗物，还有痛苦挣扎和茫然失神的受难者的模型。这些都生动地重现了原爆时的情形。看完展览出来，沉重的心情久久挥之不去。尽管公园里到处都郁郁葱葱，但是那片浓浓的绿无法让我感觉到它的生机勃勃。广岛和平纪念公园中的原子弹爆炸死难者慰灵碑前鲜花不绝，人们在这里为死难者默哀，为和平祈祷。

和平，是指没有战争的状态。从古至今，战争曾使生灵遭受涂炭。引发战争的社会因素很多，比如国家与国家、种族与种族的关系，地区经济发展的不均衡等。这些因素的消除不但需要通过政府外交的力量，而且需要民间外交的努力和支持。我们此次的广岛之行也可以算是民间外交的小小支流，但愿会滋润一方土地。

访问广岛大学

广岛大学始建于 1949 年 5 月。第一任校长森户辰男在开学仪式上宣布建立一个"自由和平的大学"。学校在几十年的发展过程中，继承"自由和平的大学"的建校精神，在追求和平、创新知识、推行综合素质教育、与地区社会和国际社会共存、不断进行自我变革等五项原则下，实现国立大学的使命。目前，广岛大学是日本国内屈指可数的综合性大学。

优秀的教师和先进的教学是筑就一个大学品牌的重要因素。学习中心曾邀请两位广岛大学的老师给我们讲课，两位老师各有特点：一位诙谐幽默，激情澎湃；一位温文尔雅、知识渊博。通过两节课的学习，我对广岛大学产生了几分向往之情。

与各国研修生合影

10 月 20 日，我们访问了广岛大学。在大学老师的引导下，我们走进了一间视听教室，快节奏的嗒嗒嗒嗒声随即传入耳中，学生对我们的"闯入"浑然不知，每个人的眼睛在电脑屏幕上快速滑行。还是老师发现了我们，走过来亲切地打了声招呼，并介绍了这节课。这是一节英语视频课，学生的学习任务是看视频答题，老师事先设计好程序，学生在答题过程中通过蓝、红色提示就会知道答案的对错。任务量以高水平同学的答题量为标准来确定，题的难易度也有一个比较科学的比例分配。老师在教师专用电脑上可以看到每个同学的答题情况，会在课堂上跟踪做一些针对性的辅导。每个学生在规定时间内根据自己的水平完成一定量的任务就可以了。学生水平怎么样老师心里有数，偷懒是躲不过老师的法眼的。后来了解到这种教学方法叫"程序教学法"，是由美国著名心理学家斯金纳提出来的，曾对20世纪50年代的美国及世界其他国家和地区的中小学教育产生了很大影响。斯金纳通过动物实验发现，动物的行为可以运用逐步强化的方法，形成操作性条件反射。其基本图式是：刺激—反应—强化。他把这种操作性条件反射的理论引入到人的学习行为，用于学生的学习过程中。在教学中的基本操作程序是：解释—提问—解答—确认。我觉得将这种教学方法运用于外语教学会大大提高教学效率，让学生"各得其所"。老师不再给学生统一规定学习进度，学生可以根据自身情况确定进度，做到因材施教、循序渐进。学生每做完一个题，当时就能得到反馈，做对了，学生能够立刻感受到成功的喜悦，受到鼓舞（强化）后快乐地进入下一段的学习；做错了，学生或许会稍感沮丧，但是通过老师的辅导或自己的再学习、再思考立刻纠正错误后，会重新找回学习的兴趣，踏实地进入下一段的学习。虽然横向看，学生之间会产生水平差距，

与广岛市文化官员、日本教师及研修班同学合影

这个差距还有可能会扩大；但是纵向看，每个学生都会有所进步，方法得当进步会很明显，学生平均水平就会提高。程序教学法需要有编好程序的教材或特制的教学机器来辅助教学，怎么利用学校现有条件施行这种教学方法成了我今后教学中要思考的一个问题。

由于我们都是从中国来的外语老师，学校安排我们听了英语课和汉语课。两节课的课堂气氛截然不同。在同样激情澎湃的讲授面前，英语课堂死气沉沉，汉语课堂却热闹非凡。如此鲜明的对比引起了我的思考。跟一些学生聊过之后，我觉得保持"新鲜感"是不断激发外语学习兴趣的关键。对初学者来说，初学时外语本身就足够神秘、足够新鲜，对外语的学习仿佛也如饥似渴，比如广岛大学学生学汉语可能就是这种感觉。但随着学习的深入，外语的神秘面纱不复存在，如果学习变得越来越枯燥，学生便会心生厌倦，主动学习就会转变为被动学习了。这个时候，老师就要使出浑身解数，帮助学生攻克这个"堡垒"，要用有效教学手段使外语永远保持新鲜感，使学生能轻松快乐地提高外语水平。没有最好，只有更好，这也许是外语教师要终身研究的课题。

参观"刀剑文化史"展览

10 月 27 日，我们来到了广岛市立历史博物馆，那时正在举行"刀剑文化史"的展览。一提起刀剑难免就会把它和杀戮联系在一起，可是这里关于刀剑还有这么一个美好的故事。讲解员介绍说，日本曾经把国内一位有名的刀匠制作的刀剑作为外交礼物赠送给印度的总统，而那位刀匠在刀剑制作过程中把他对和平的祈愿融入了其中。这听起来真是不可思议。展览中展示着当时那位刀匠制作的同一系列刀剑中仅次于外交赠品的第二作品。在作品旁边放有"学文之心悬"的标签。"学文之心悬"的意思是，当精湛的技术和健康善良的心融为一体的时候方能做出好剑。是啊，一个真正的好作品是艺术家的人格情操的外化体现，人品与素质少了哪一个都不会被社会"宠爱"的。看到这里我不由得想起刘沪校长提出的我们北京师大附中的育人目标——全人格、高素质，真是经典！

人格的完善，是儒家基本的价值追求。在人格上达到理想的境界，是儒家的价值理想。《大学》也提出"修身、齐家、治国、平天下"的思想，把"修身"放在本体的地位。著名教育家林砺儒先生在北京师大附中任职期间提出了"全人格"教育思想。他指出："教育是人格的成长，学校里教学生学习的是他们人格往后成长的资本，要能生息。""要将来能应用到各方面应付自然、应付社会，才算是真为他们所有。""中等教育的任务是引导少年人格之射线到各方面去。"

新时期，北京师大附中继承发扬了"全人格"的教育思想，同时认真贯彻国家教育方针，坚定不移地实施"素质"教育，培养了一大批"德、智、体、美、劳"全面发展的优秀人才。

访问御调中学

11月2日，我们访问了御调中学。学校在体育馆里为我们举行了欢迎仪式。首先是一位叫池田的初一年级学生作为学生代表致欢迎辞。池田从一群学生中缓缓走出来，给我们一行四人（加上领队老师）礼貌地鞠了一躬，开始了致辞。"大家好！"不知怎地，他的声音有点抖。顿时，体育馆变得鸦雀无声。可能池田自己也意识到了，他的腿也开始颤抖。看到他这么紧张，我为他捏了把汗，心想，校长怎么没安排一个有经验的学生来讲呢？我担心地看着他，发现他小心翼翼地把眼光投向了前面的校长和老师。我看了一下校长，让我意外的是校长的脸上并没有"乌云密布"，而是"阳光灿烂"。他正微笑地看着他的学生池田，并轻轻地点了点头，为他鼓劲加油。池田颤抖的腿渐渐地重新找到了平衡，终于完整地"背"出了他的致辞。看到这一幕，莫名的感动从我的心中涌起，眼眶也湿润了。并非我太感性，那番情形，朴实得温暖得的确让人感动。

欢迎会上还发生了一件感人的事。有一个叫 Yuki 的学生问我：

"您知道日本的 gyagu 吗?"我想了想,说:"还真不太了解,要不你告诉我,好吗?"被我这么一反问,Yuki 感到很意外,他变得有点紧张,不知所措,支支吾吾半天,还是没讲出来。这时,他的同学们纷纷用汉语跟他说"加油",这可是活动开头我做自我介绍的时候教给他们的汉语单词,也许是他们仅会的一个单词,万万没想到他们在这个时候竟给巧妙地用上了,真是给了我一个大大的惊喜。有节奏的加油声响彻了整个体育馆。于是 Yuki 释然一笑,转过身背对着我们扭起小屁股,"gyagu, gyagu——"地做起了表演。哈哈哈,所有在场的人都狂笑了起来,简直太可爱了。旁边的带队老师告诉我们 gyagu 是一种幽默表演,最近在日本非常流行。

日本祭酒文化节

活动结束回到校长室,大家进行了轻松愉快的座谈。座谈中我们提起了池田的事,校长微笑着对我们说:"池田是一个性格内向的孩子,但是做起事来很认真,是一个好学生。他从来没在学校活动中做过发言，我一直想给池田一次比较好的锻炼机会。学校很少有贵客来的。这次听说中国老师要到我们学校访问，我就让他当了回'主角'。对他今天的表现我还是很满意的。我相信下次他会做得更好!"听了校长的一席话，我们很受触动。按常规，学校举行较具规模的活动一定会选用形象好且语言表达能力强的优秀学生，会高标准严要求。在国内，重要活动的关键时刻给每个学生机会，执行起来有时是比较困难的，而在御调中学真正做到了机会属于每个学生。学生在遇到难堪和挫折时，老师和同学们都给予鼓励，给他加油，不责备，不鄙视。而恰恰正是这种激励使得学生找回了自信，勇往直前! 正是这种教育促使了学生迎难而上，快乐成长!

　　跟教育相近的还有一个词，就是"教化"。我觉得"教"而"化"之，才是教育的最高境界。也就是，"教"是一种工具和手段，或者说是此岸到达彼岸的过程，"化"才是一种圆满的结果。"教"能否架构一座桥梁，桥梁的另一端"化"成天堂？"教"能否变成翅膀，即使在天空中也能"化"成翱翔？"教"能否修筑一条坦途，延伸的目标"化"成康庄？"教"能否变幻成明灯，人类用它"化"出光亮？

往　事

——美国一年工作生活拾忆

刘美玲

刘美玲，语文教师，2001 年到北京师范大学附属中学工作，2007 年 7 月至 2008 年 7 月在美国大使馆做中文教学工作。

四年前去美国的那天，北京下着雨，湿淋淋的天空仿佛那些古典的送别诗里"走"出的背景，而自己直到飞机起飞的一刻，依然有一种今夕何夕的不真实感，万里之外的大洋彼岸，等待我的将是怎样的一种历练与生活？

至今还记得 10 月校长一行访美路过华盛顿、专程来参观阳光学校的点滴细节，老师们在阳光下穿过马路的情景是我心底最温暖的风景，大使接见时的和谐融洽让我心中略感一丝欣慰，而老师们离开的背影又带给我无限的失落。那时的我正在全新的历练中小心翼翼、如履薄冰，那时的我无比怀念附中，怀念它曾给予我的自在呼吸、坦荡生长的空间。但是作为附中派往中国驻美使馆阳光学校的第一任专职教师，我知道自己必须坚持下去，带着学校的嘱托和期盼继续坚定地行走，经历一些人事，也看一些风景。

留住我们的根

使馆的领导和工作人员尤其是学生家长在介绍阳光学校的时候，

总是不无自豪地说一句这是中国所有驻外机构中唯一的一所中文学校。唯一性，注定了它的特殊性。这里的学生都是外交官子女，年龄参差不齐，人员有极大的流动性。这里的校长按惯例由大使夫人担任。这里的工作流程既有传统的学校特点，更有鲜明的机关风格。这里的专职中文教师只有一个，除了中文教学，还要负责德育工作的开展、

与学生在一起

学校的日常管理等。上到教学理念的提出、工作计划的制订，下到规章制度的制定、教师之间的协调等，事无巨细，皆要亲历亲为。还要在开展各项工作时，负责与使馆各处室的协调；作为政治任务，组织学生参加使馆各项内外活动；接待国内来访的领导参观学校……学校的每一项工作从设想到实施包括中间的所有细节都要向校长请示汇报。一年的光阴就这样在纷繁的工作与人事中悄无声息地溜走了，而我也在这种全新的历练中成长，并更加懂得坚守——坚守一个专职中文教师的本分。

　　至今还清晰地记得那些外交官们在忙碌之余对孩子中文学习的关

切之心，还记得有的孩子为了能来上一节中文课，在烈日下走了将近两个小时。这种执著让人在感动之余倍感肩上责任的重大。如何让这些身处双语、双文化背景下的孩子在异域仍能不忘母语的魅力，并一直坚守对母语学习的热情？我把阳光学校的校训"胸怀祖国，放眼世界，学好中文"郑重地张贴在了学校最醒目的地方，结合自己以往的教学经验和阳光学校学生的实际情况，在完成常规教学任务的同时，力求在教学内容上有所拓展，营造一种文化氛围。

长期身处海外，导致学校相当一部分学生对中国历史和传统文化缺乏了解。双语、双文化是这些学生的优势，但我坚信这个优势必须建立在坚守传统文化的基础之上。"只有民族的才是世界的。"我们只有真正坚守住民族文化的根，才能真正赢得异域文化的尊重。因此，我在小学教学中引入了《三字经》《千字文》等传统启蒙经典的朗读背诵，中学则引入了《论语》《诗经》等传统经典以及中文的特殊样式——对联的教学。同时，在教学中，将中国传统节日文化的内容引进课堂，借助民间故事、古典诗歌等，帮助学生了解中国传统的节日文化。语文

给学生上课

学习的本质是读书。为了让孩子们坚持课外阅读，除了向孩子们推荐阅读书目，鼓励他们去学校图书馆借阅，定期评选读书小明星，还为他们编选了儿童诗和中学生必背古诗系列，并打印成册让他们随身携带随时阅读。在初中教学中更是选取大量课外阅读文章，以"胸怀祖国""感悟亲情""反思战争""走进古典"等主题形式进行教学……如今离开那片土地已经整整三年，太多往事都已模糊，但也有一些感人的细节无论世事变迁，始终温暖着我。

想起一年级的孩子课间休息时还在楼道里大声地背诵"仓颉的灵感不灭，美丽的中文不老"，让人心中升起无限欣慰与希望；想起在期末举办的阳光学校大型读书活动上，小孩子们集体背诵的《三字经》(节录)掀起活动的高潮，获得了经久不息的掌声；《人民日报》(海外版)在对读书活动进行报道时，独独挑选了那张孩子们背完《三字经》后举着"美丽的中文不老"字牌的照片；想起即将离校的初中孩子不舍地抱着我，轻轻说"谢谢你，让我爱上中文"；想起有感于传统文化教育成果的家长感动之余赋诗一首，说阳光学校是"生长在异国他乡的中华文化之花"……

在万里之外的大洋彼岸，萍水相逢的我们，就这样找到了一种精神的归属与心灵的认同，这种认同源自对美丽中文的共鸣与热爱。离任前，我为阳光学校编选了第一本优秀习作选《美丽的中文不老》，在序言中我这样写道："中文是什么？她是我们民族精神的载体，是我们民族文化的根。她是牵引着风筝的那根线，让我们无论飞得多高多远，都依然记得回家的路。哪怕我们漂洋过海。"

是的，漂洋过海也好，海角天涯也罢，无论身处何方，我们的血脉中始终流淌着华夏的温度，我们的心中始终珍藏对这片土地的依恋与深情，这又何尝不是我们共同的根？

想起第一次赶一份紧急文件，到深夜1点送至周大使处烦他转交夫人，伏案工作的大使抬起头，眼神中满是疲惫，却仍不掩光芒与睿智，旁边的大使秘书告诉我大使几乎每天都工作到深夜。想起有的外交官曾戏称因为工作常年在不同国家驻守的自己是"流浪的吉卜赛

孩子们为汶川地震捐款

人"，淡淡的感伤中透着一种职业的神圣与荣光。想起汶川地震后，学校组织了"我们都是一家人"的献爱心活动，孩子们纷纷为灾区小朋友制作爱心卡片，然后排着队，认真地把自己的零花钱投向捐款箱，捐款箱上端端正正地贴着五个大字：我的中国心。然后我也不停地听到周围人说，华人又捐了多少多少。想起华人举办的中国文化节上，《保卫黄河》刚刚唱出第一句"风在吼，马在叫"，群情激昂的掌声就响彻全场。想起当我作为英语班唯一的优秀学生上台领取证书时，忽然听到一句"好样的！真给中国人争脸"！循声望去，我那样容易地就越过各种肤色的人群，和虽然陌生却同样有着黄皮肤黑眼睛的她相视而笑。想起姚明的客场 NBA 上，举着照相机或摄像机的几乎都是华人，我知道他们都在搜寻同一个目标。想起纽约并不繁华甚至堪称破旧的唐人街昂然矗立着一尊"大成至圣孔子像"在阳光下闪烁着动人的光彩，不远处的长椅上，一位刻着皱纹的老人在读中文报纸。去纽约时是 4 月，唐人街某家商店的橱窗里花花绿绿的广告中，赫然贴着"好消息好消息！中央电视台春节联欢晚会光盘现已有售"，大红纸面透着中国式的喜庆……

每每这种时候，我的眼泪常常毫无征兆地流下来，然后想起艾青的诗句："为什么我的眼里常含泪水？因为我对这土地爱得深沉。"

华盛顿生活琐忆

一年的工作紧张而忙碌，因此少有机会切实地融入当地生活，尤其是没能真正走进当地的校园感受美国教育，这是自己留下的一个最大的遗憾，然而这蜻蜓点水般短暂而清浅的经历，却足以让我爱上华盛顿这个城市。

相比纽约的繁盛与喧闹，我更欣赏华盛顿的雍容与宁静。就是在这片土地上，我感受到了中国古人天人合一的理想，看到了一种自在安然的生命状态。

我一直固执地认为一个城市必须有一条河，它是这个城市的灵气。而华盛顿无疑是有灵气的，波托马克河安静地从城市中穿过。闲暇的时候，我会从使馆出发走上半个小时，然后坐在河边，静静地看一只只大鸟在河面盘旋，看一只只小船缓缓滑过，时不时还会有一架飞机清晰地从头顶飞过。岸边的人们或坐或卧，休闲而随性。对岸的丛林背后是高高的楼房。常常想楼房里的人们真幸福，推窗便是这个城市的灵气。河边就是传说中的肯尼迪艺术中心，时间赶巧时，还能听到一场免费的音乐会。然后在艺术中心的天台上，看美丽的波托马克河静静流淌，让人在宁静中升起一种莫名的感伤。记得最清楚的是春天的时候，有一个周末我在河边一直坐到薄暮时分，不知何时起风了，升起森森凉意，一只大鸟自在地飞过。落日是绯红的，在水天的远方，在林木葱茏之间，一点一点地隐去，隐去，再隐去。像一段妩媚的青春，离开得那么安静而惊艳，让人生出光阴的感伤。

也是一个周末，在去往波托马克河的路上行走时，无意中发现路边一块木牌上写着"historical park"，然后看见一条安静典雅的红砖路。于是拐了过去，我就这样不期然地闯进了一片诗情画意：一段河水静静地流向远方，几座木头小桥静静地架在河面上，一条小路静静地伸展开去，不多的几个行人静静地在路上走过。我的心里满是静谧与安然。不由得想起了中国的江南，一种穿越时空的感动像一朵白莲在心中静静绽放。尤其是前一天刚刚下过雨，空气润润的，路面湿湿的，水面泛着晶莹的绿意，似乎整个天地都只是一种灵气。再后来，信步拐上右边的台阶，再走上一小段路，我便整个地呆住了，因为我站在了几乎是华盛顿最繁华的一条街——M街上。彼时正是华灯初上，人来人往，到处都写着热闹。在这里，静逸与繁华切换得就是这么突然而又自然。我常常想华盛顿的繁华就因了这份静逸的底子才格外显得从容与优雅。

最常去的地方是使馆旁边的一片林子，就在石头小道边的小山坡上，各种树啊草啊都仿佛在这里生长了很多年。春天绿得稚嫩轻巧，夏天绿得汪洋恣肆，秋天是满地的落叶，冬天是无垠的飘雪，一年四季都是好风景。运气好的时候会看见有鹿优雅地闪过，至于松鼠，简直到处都是，而且不怕人，瞪着一双溜溜的眼睛，眼底都是纯净，看得你的心无比柔软。沿

在华盛顿肯尼迪艺术中心留影

着林子走到坡顶，是一片开阔的绿草地，再远一点就又是人家了。记得第一次看到这片林子，还以为使馆建在这个城市边上，后来发现林子就是这个城市的一座自然的园林。这里没有中国古典园林人为的精致，却充满了大自然的自在与野性。一个人可以回归自然，一座城市也可以。记得最喜欢的事情就是坐在秋千上，在蓝天绿地之间荡啊荡，荡得天宇之间一片澄清。秋千对面是一棵苍劲而疏落的大树，旁边的草地上，有孩子在嬉闹，有狗狗在追逐，大人则或读书或散步，一切的一切都那么活泼而慵懒。那么自然地就想起了古人天人合一的理想，想起了我们对和谐社会的追求。

华盛顿就是这样一个美丽而宁静的所在，这片土地上所有的生命

都自在地呼吸，安静地生长，而这里的人们尤其自在而安然。

是的，一切都是自在的。艺术爱好者在街头、在地铁口、在广场以真诚的演奏或歌声吸引过路人的驻足聆听；运动爱好者则时时可见、处处可见，让你感觉运动已经不只是一种爱好，而是一种生活方式；有时还会有那么一小撮打着各种名义的游行者举着各种各样的大字从市区招摇而过。还有偶尔遇见的黑人行乞者，坐在路边，摇晃着可乐杯子，里面的硬币叮当作响，上前投入几枚，便会听到他们一声夸张的谢谢。没有惨烈的身体表演，也看不到任何自卑与不安，他们用微笑告诉你，这无关乎道德或者尊严等严肃的话题，这其实只是——一种生活方式。我不禁惊叹，是怎样一片大气而包容的土地孕育出这样的自在。

曾经利用晚上时间在使馆附近的一个教堂上过一段时间的英语课。那里的老师都是志愿者，学生则来自世界各地。上课气氛很轻松，有时也会请来自不同国家的同学讲讲自己的文化风俗等。还记得当我把"龙"字的繁体书写在黑板上时，引起了一阵赞叹与欢呼。我因为经常加班的缘故英语课上得三天打鱼两天晒网，但是拜国内应试教育所赐，我虽然听说都很弱，但却在最后的书面考试中得了全班最高分，并且还作为班里唯一的优秀学生代表上台领取了证书，不知该得意还是该汗颜。不过我的志愿者老师们给予我的温暖至今仍令我感动。

Carroll是个优雅的老太太，我曾应邀去参加她自己在家里举办的lady's tea（女士休闲时光），客人是六位女士，都是她的学生。大家一起吃着Carroll亲自烤的点心，喝着红茶，闲闲地聊天。风俗、文化、生活、随性所至，无所不谈，不同肤色、不同种族的我们在这一方小小的天地里坦诚相待，自在而和谐。这种自在正是源于一种文化的大气与包容吧。至今还记得阳光照在茶杯上，闪闪烁烁的，窗外小花园里一棵圣诞树冲天而上，玫瑰也开得妩媚。

Jackie是个充满活力的年轻人，感恩节时，她开车带我去巴尔的摩郊外她爸爸妈妈的家里过节。Jackie的爸爸妈妈都很热情，举手投足间能感觉得到他们的默契与幸福。我们吃了感恩节传统食物，火鸡、南瓜汤、南瓜饼、烤土豆……西方人的食物并不给人热闹的感觉，而是整洁与宁静。Jackie 讲起她带我熟悉华盛顿的街道、品尝小吃的事情，她的爸爸频频点头，并且伸出大拇指说她做得很好。晚上，Jackie 的妈妈亲自开了半个多小时的车把我送到了火车站。那时候，我的心中满是感动，也不免几分感慨。Jackie 的善良和热情与良好的家庭氛围是分不开的呀，她那精致的中学毕业纪念册上父母所写的祝福与鼓励是陪伴她一生的温暖吧。

感恩节与 Jackie 父母合影

于是想起使馆里上初中的大孩子曾经告诉我，他们在美国的学校上课没有固定班级，都是自由选课，每个课间的工作就是拖着自己的箱子赶往下一个教室和另外一群同学一起上另外一门课。当时的我简直觉得不可思议，没有固定班级，他们怎么开展和实施德育呢？但是后来我又想，中国的教育一向是班级授课制，德育似乎一直都是在开展的，然而成效又如何呢？美国虽然看上去好像没有集体的德育教育，但是他们的家庭教育尤其社会教育资源恐怕是我们所不能比拟的。华盛顿的国家大教堂是这个城市最高的建筑，而且是免费对外开放的。每个人都可以置身其中，感受一种庄严与肃穆。华盛顿还有大大小小的社区教堂。作为一个拥有宗教信仰的国家，美国人的宗教生活就是对孩子们最好的教育，耳濡目染，潜移默化。华盛顿的国家图书馆也是对外开放的，只要免费办一张借阅卡就可以自由进出，自由借阅，还有比读书更安静而长远的教育么？华盛顿还是博物馆聚集区，大大小小十几个博物馆包含了科学、艺术、文化、国家等各个方面，都是免费的，而且这些博物馆经常有各种各样的艺术演出。博物馆里除了来自世界各地的游人，经常看到来自美国各地的小学生们。当他们在博物馆里参观流连，他们所接受的不仅是各种各样的知识，还有这个国家的精神气质。原来教育也可以这么从容而自在。

　　1月跟随大使夫人参观波托马克小学，参观的过程走马观花，并没有留下太深的印象。倒是他们的接待会场让我又产生了新的感慨。怎么说呢？朴素，朴素得甚至可以用寒酸来形容。就是一间空荡荡的房子，不是中国式的礼堂，没有中国式的横幅，甚至没有主席台。家长和老师们以及校长就坐在两边的椅子上，大使夫人也被安排坐在一张椅子上，孩子们则在屋子中间席地而坐，没有任何排场，也不讲什么等级。朴素得让我这个中国人甚至感到一点不安，也朴素得让我这个中国人生出了多少羡慕。不禁想起了同样朴素而安静得让人第一次去时甚至不敢确认的白宫。美国人真的过得好随性、好轻松，褪去了生命原也不必要的浮华，让灵魂自在而安然。

　　使馆一个学生家长曾经跟我说她的女儿在美国学校期末考试中，历史没有通过，而且后来才知道是孩子平时作业完成不好影响了期末成绩。家长所愤愤的是美国的老师没有像中国老师那样早点把孩子不完成作业而且可能考试通不过的情况通报给家长。可是我看到了这种教育的长远，我也明白了自在是有前提的，那就是你要学会为自己的行为负责。我也仿佛明白了为什么我们那么多名牌大学毕业生最后却不能成为社会的精英和民族的脊梁，因为我们太多的学生是被学校和家长的合力给逼进大学的,而在这种合力中,他们早已没有了思考人生意义和价值的动力与空间,他们的求知欲、独立自主的能力被压榨得几乎荡然无存,于是在宽松的大学环境中不知何去何从。

自在当然是有前提的,那就是对规则的遵守。美国的马路上不仅几乎看不到闯红灯的,甚至还有一个有趣的现象——车让人。在那里,即使明明你离路口更远一点,即使你已经停步不前,司机还是会踩刹车,然后微笑着冲你招手让你先走。这种习惯和风度当然不可能与生俱来。后来听使馆的朋友说,主要是美国的法律细致而严格,很多好习惯都是在重罚之下养成的。是呀,重罚自然让人心生畏惧,心有所畏,行有所敛,渐渐敛成好习惯,然后渐渐内化成一种自我道德。这在最初也不过是"戴着镣铐跳舞",然后跳着跳着就习惯了,然后终有一天实现孔夫子的理想,"从心所欲不逾矩"。

在一个没有宗教信仰的国度,道德教育是它的灵魂。然而,简单

在华盛顿国会山前留影

的道德教育难免沦为口号和说教，就像我们满大街所张挂的那样。如何让我们的法律法规更细致、更有实效，这是一个需要考虑和解决的问题。

　　能在年轻的时候走出国门，去看看外面的世界，感受另外一种人生，无疑是件幸运的事情。一年的彼岸生活给了我很多回忆，也给了我一些思考，让我更加明白我们的差距，知道我们还有很远的路要走。

　　隔了三年的时光来看那段往事，发现那一年里所有的温暖在光阴流转中香远益清，那一年里所有的挫折早已云淡风轻。而我，已经历成长并走向成熟，三年后的今天，我依然在路上。

美国教育一瞥

李学珍

李学珍，英语教师，2004 年到北京师范大学附属中学工作，2007年 8 月至 2008 年 6 月以汉语教师志愿者身份去美国做中文教学工作。

美国政府对教育比较重视。美国基础教育阶段从幼儿园开始到高中四年级，就是我们经常谈到的 K－12。从正式的幼儿园开始到高中，有私立与公立之分。

私立学校与公立学校

私立学校政府不拨一分钱，都是自负盈亏。不过有很多家长为了自己的孩子能够接触到相同阶层家庭的孩子，选择学费昂贵的私立学校。比如说当地学区教育负责人的小女儿现在就在一所私立学校，她的同学都来自中产阶级以上家庭。每年不算书本费等，光学费就要交两万五千美元。如果要使孩子住宿，费用还会涨将近1/2。有一次，我们顺路开车在她女儿的学校里转了一圈。校园很大，像一个大学校园，里面只有600名学生。体育场所很齐全，有足球场、网球场、美式橄榄球场、游泳馆。教学楼都只有一到两层，教室窗户很大。校园里还有小河流过，整个校园比许多公园都漂亮。

奇怪的是，私立学校的老师没有公立学校的老师报酬高。并且私立学校任教不需要有当地教师资格证，选用时也不一定对口聘用，因此私立学校的教学质量不一定就比公立学校高。不过由于私立学校的

参观令人称叹的自然杰作——大峡谷

孩子们的家长都是接受过良好教育的人，其对孩子的教育更重视，给予的帮助也更多一些，往往私立学校的很多毕业生可以上最好的大学。不过也有一些家长希望自己的孩子在一个更多元化的环境里成长，因此他们会选择公立学校，公立学校的孩子如果成绩很好也能上最顶尖的大学。

公立学校在基础教育阶段完全依靠政府拨款，学生上学不用花一分钱，有些学校连学习用品都发。当父母收入在一定数目以下时，孩子的午饭也免费。公立学校都是就近上学，"户口"管得相当严格。所以美国也有"学区房"的概念。

大学教育，学费都很高。好多家庭从孩子很小就开始给孩子攒大学学费。如果孩子家庭无法支持，可以申请贷款，毕业后再还，或者是努力学习申请奖学金。这样比起来，实际上咱们中国的家庭教育支出还不是太大。

美国教育中的应试一面

美国教育中也有通过考试选拔的，挑选类似于"实验班"的情况。

我所在的初中就是一个所谓给有天赋的孩子(gifted kids)办的学校。这些孩子都是从全市各小学三四年级挑的好学生，每周先在该中学上一天的课，然后在上中学前参加康涅狄格州的考试和 SAGE 考试(一项选拔学习能力超前学生的考试)，成绩优异者再进入该校初中。选上来的孩子，确实大多数都不负众望，在各种考试中表现出众。

美国老师们的大型判卷经历极少，没有咱们的中、高考判卷经验，因此对判卷如何分工、怎么提高效率都不是很有经验。但是他们的试卷设计得很有特点。

例如，Rally 考试(美国的一项全国统一标准、各州自主命题的大型考试)中，一张试卷中既有开放性的题(open-ended)，也有有标准答案的题。判卷时有两张纸，上边一层是学生用的答题纸，下边一层是老师判卷用的标准答案，学生所选答案如果覆盖标准答案就正确。值得我们学习的是在下层的标准答案纸上，还有每道题的考察方向和错误统计，对学生进行全方位的评价。

中美班主任对比

一直对班主任这个词的英文翻译感到困惑。到了美国后也从没听说过这个头衔。后来发现，因为老师的角色、责任都不太一样，所以是不可能找到班主任的英文对应词的。美国一般的学校都有 counselor(学校中负责指导学生选课、择业、解决一些个人问题的职员，相当于指导老师)，比如说当地的高中 Freshmen Department(高一年级)800名新生才有一个指导老师，他们专门负责指导新生选课及解决一些日常问题。明确诊断的心理问题或者很专业的心理咨询由专门的 psychologists(心理老师)负责。打架、逃课这些行为问题，直接由 security guard(保安)负责，事情再大点，就由长期在学校驻守的 police officer(警察)管了。

学生们每天第一件事和最后一件事是由 homeroom teacher(点名老师)在 homeroom(进行点名的教室)里点名。因为美国是学生换教

在世界上第一个迪斯尼公园(加州)前留影

室，所以他们有一个 homeroom 的概念。但是 homeroom teacher 只负责点名，其他都不管。小孩如果上课有纪律问题，都是任课教师自己负责。如果哪个孩子请假，或者家长有什么想跟学校说的，都由 school secretary（学校办公室秘书）或者工作人员负责。有专人接电话，打电话。一比较就看出来了，咱们国内的班主任担负了 counselor，psychologists，security guard，police officer，homeroom teacher，school secretary 的责任。这么一个多面手的工作得需要多大的努力才能做好啊！美国老师们特别喜欢抱怨收入低，要求加薪。公平地说，给咱们尽职尽责的中国班主任加薪才是正道！

中国的班主任的角色对学生的管理有着不可缺少的作用。美国学生的很多散漫疏于管理的问题，都可以在中国班主任手里轻松解决。但是中国班主任一个人起到如此关键和重要的作用是很辛苦的。将有些中国班主任的责任分散到学校的其他专门职务中，这是否是个好思路呢？

学生不穿校服的日子

我所支教的美国中学要求平时穿校服。据说这项规定是近一两年才开始的。当地的教育官员近几年利用暑假到中国中学考察，最大的收获就是学到了中国统一校服的好处。我所支教的学校没有统一定制的校服，但是有自己的颜色。每个学生必须穿黑、白、蓝的衣服来表明在穿校服。学生们也有很多不穿校服的机会。例如，每个月都会有几次有组织的不同主题的 dress-down-day（不穿校服的日子）让孩子们表达个性，构建更完整的自我意识。一些节日，有人会倡议穿代表特定节日颜色的衣服。校长为了增强孩子们的审美，会特意组织 Tacky Day（服装胡乱搭配日）。

Tacky Day 这一天穿得越不搭越好。一天下午快放学的时候，广播通知，第二天临时被定成 Happy Tacky Day（快乐服装胡乱搭配日），还说欢迎老师们参与。第二天，孩子们都穿得确实很 Tacky。有的把上衣翻着穿或者反着穿；有的"内裤外穿"，跟超人似的；还有的穿着睡裤，蒙着浴巾，头戴少数民族头饰就来了。一般的老师都不参加，但也有一个感兴趣的老师参与了，好像上班时间太赶、随意抓了两件衣服裹上了一样，外戴一个据说是十几年前一个学生送她的贝壳长项链。

还有就是 Spirit Week（球迷周），其实这些名字都是组织者想出来的。主题就是穿上自己支持的球队颜色的衣服或者是队服，充分表达自己的爱好。这里从国家到州到市镇，都有自己的各种体育代表队，主要是棒球队、橄榄球队和篮球队。有的是自娱自乐，有的很有竞技水准。每个队都很像样子，有自己的队服、名字、口号。

其实国内学校也可以让学生提议主题活动，只要通过了就全校参与。这也是学校文化的一个让人终生难忘的部分吧。

丰富多彩的校内外活动

● 赈灾义卖

我在美国的时候正好赶上汶川地震。趁校长找我的时候借机询问能不能在我们的中学里组织一次灾区捐款活动。校长关心地问我"亲戚朋友有没有在那边的"，并爽快地同意了。美国人经常会有募捐活动，形式多样，深入人心。大家也都会慷慨解囊。

对于捐款的孩子，学校用某一天不穿校服来奖励。后来办公室的迪琳太太又亲自买了好多 Ice Pops(刨冰)拿回学校在午餐时卖给学生、老师们。卖冰棒、收钱，都是 National Junior Honor Society(美国的一个中学生组织)的孩子们抽出宝贵的学习时间来进行的。她们都八年级了，都要准备期末毕业考试。周五天气不是很热，但是孩子们和老师们买冰棒的热情很高涨，数量超出了预期。迪琳太太在油价这么高的情况下又开车出去购买了第二批。

● CMT 过后

CMT 是全州的大型考试，有点像我们的统考。科目有阅读理解、数学、写作。考完后，为了庆祝，学校组织去当地的公立高中观看高中生表演的音乐剧《美女与野兽》，之后去周围一个城市的自助餐厅吃午饭，尽管孩子们还是得自己花钱，但不用上课也算是对他们的犒劳了。音乐剧对于高中生来说能做到那种水平已经很不容易了。跟专业的比起来，唱功和舞台表演还是可以看到稚嫩的一面。但是让我很感动的是他们的表演很投入，很尽心。而台下无论是老师、家长，还是小学生或中学生，在观看时都会带着欣赏、肯定的目光，大家都在鼓励和表扬他们，也许其中有些孩子会在将来选择表演专业。使我惊讶的是学校是怎么把那么多的东西整合起来的，舞台布景、灯光、演员的专业服装、乐队和演员们的完美配合，还有那么多志愿参加演出的高中生们。后来从同事那里得知，参与到准备工作的人里有教师志愿者，有家长志愿者，还有学生志愿者，其中演出服都是家长们亲手拿旧衣服改的，表演、布景、灯光、乐队都有专业指导。而很多高中都有自己的传统剧目。

● 中学生参观大学

学校组织八年级的学生参观了康涅狄格州的一所名叫 Wesleyan Uiversity 的私立大学。Wesleyan University 建校于 1831 年，校园里很多建筑都是维多利亚时期的建筑风格，与那些古老建筑相间的还有现代建筑。我们两位老师和一位家长带着 45 个孩子坐着黄色校车到学校接待室前，然后分成三组，每组都由学校大三的学生当导游，带着我们参观，并介绍校区、学校学习生活的情况，以及学校的重要事件。

学校经常组织孩子们参观不同的大学，听大学生讲述大学的学习生活情况，听大学招生负责人介绍申请大学的条件。这些学生之前还去了中康涅狄格州立大学（CCSU）。他们参观计划里有一所公立大学、两所私立大学（Wesleyan University 和 Yale University）。

● 家长—教师交流会

有一天下午四点半，我发现老师们都在科学课教室坐成了一圈，原来是要召开家长—教师交流会（parents-teachers conferences）。老师们开玩笑，整个会议像相亲会一样，每个人只谈五分钟，老师不换地方，家长轮流换座。只谈孩子在学校的表现，并结合成绩单上的成绩，谈谈怎样让孩子提高。其实跟中国的家长会很像。不同的是这样的效率很高，两个小时见了四十多位家长。气氛也很好，有的是父母自己来的，有的是孩子陪家长一起来的。

● 万圣节活动

万圣节到来前几天，慈祥的校长奶奶通过学校广播征集南瓜灯比赛参赛者，还告诉大家，当天大家只能穿褐色或者橘红色的衣服，否则就得穿校服。第二天一大早就看到好多小孩抱着自己在家里刻好的南瓜，大小不一，装饰得也都很有创意。有的只在表面刻出了图案，有的刻成了鬼脸，有的还加上了帽子、身子，做成了南瓜头木偶。中午吃饭时看到食堂外的展示桌上放满了各式各样的作品等待评奖。

当看到考试选拔上的小学生来校上课时的打扮，会觉得那才叫过节呢。他们的父母有的是从商店买来衣服，有的是亲自给孩子做。大家都穿着"奇装异服"从我们教室穿过。我看到一个"骷髅"、一个中世纪武士、一个小超人，还有一些不知道的动画片里的形象。

一般老师也就穿橘红或者褐色的衣服。不过也有老师会出人意料，尤其是小学老师。有的竟然会装扮成巫师吓学生。那天我正上课呢，发现门口站着一个扎着无数非洲小辫、长着大大鼻头、留着斯大林小胡子的陌生人，感觉像刚从非洲飞过来，很异域。我刚要友好地上前打招呼，可他一说话吓了我一跳，原来是副校长。副校长特别可爱，很像电影演员，典型的美国胖胖，平日里短发，留着一点小胡子。下午放学后老师们留下当评委，选出了南瓜灯比赛的最佳创意奖、最佳设计奖，之后大家都迅速往家里赶，因为他们家里都有孩子，他们晚上得带着孩子去亲友家聚会或者去 trick or treating（不给糖就捣蛋，指万圣节孩子们挨家逐户要糖果等礼物，如不遂愿便恶作剧一番的风俗）。

英国人眼中的中国

徐志娟

徐志娟，英语教师，2001 年到北京师范大学附属中学工作，2007年 9 月 10 日至 2008 年 7 月 1 日在英国工作。

2007 年 9 月，汇丰银行委托权威调查机构 Ipsos Mori 举办了一项调查，主题是英国人与中国人对彼此的了解程度。调查结束后，汇丰颇显惊叹地宣称：原来彼此之间知之甚少，文化了解上存在鸿沟。而我在 2007 年 9 月至 2008 年 7 月的英国工作生涯也印证了该调查结果，深感英国人对中国各方面都知之甚少。

在剑桥留影

政 治

与来自 **The Sixth Form College** 教授西班牙语的同事合影

一项调查显示，问及谁是中国国家领导人，只有 7% 的英国受访者能够正确答出。

这个问题我也问了我的房东，她属于说不出中国国家领导人名字的那一类。问及原因，她笑说亚洲人的脸看起来都差不多。

再说说地图吧。在英国通过 google 搜索到的中国地图，以及市面上出售的一些带中国地图的印刷品，如展现中国风景的挂历等，大都错误地不把中国台湾包括在中国版图内，更有甚者，连西藏也不包括。这个问题非常敏感，但它又是一个原则性的大问题，于是我常常和那些自以为是的英国人争论。我认为，西藏问题、台湾问题，其实是一些外国政客要挟中国的由头，由此导致了一部分外国人的错误认识。

我问英国人，你们为什么不让北爱尔兰独立？他们说，这是北爱尔兰人自己全民公投的结果。我紧接着问他们，为什么不让苏格兰独立？他们哑口无言。有些事情必须明正是非，西藏和台湾是中国领土不可分割的一部分，这一点毋庸置疑。

经　济

中国已经是世界第二大经济体，英国人很明白当前的形势，积极地与中国发展外贸关系，两国间的进出口贸易活跃，中国制造的商品走进了英国的千家万户。当我们为看到商品标签上的"Made in China"感到无比骄傲自豪的时候，也惊讶地发现"中国制造"成了假货和廉价的代名词。

英国 Lawson Dodd 公关公司 2009 年 12 月委托英国独立调查公司 Populus 进行了一项调查，调查发现，41％的英国国会议员认为中国将在五年内成为英国最大的贸易伙伴，中国制造业或许应该对此感到欣喜。但普通英国人对"中国制造"的看法是：45％的受访者认为中国制造的产品质量不如英国产品，是持相反意见者比例(14％)的三倍多。

面对着层出不穷的"假名牌"事件，以及高端消费市场上鲜见中国名牌身影的事实，我们的确应该深思："中国制造"应该如何改变自己的国际形象？我想最重要的是提高产品质量，创建自己的优质品牌，再加上强有力的市场公关，这样"中国制造"才能走得更高更远。

环　境

当英国朋友听说我是从北京来的，大多数接下来的问题就是："北京的污染很严重吧，人们出门是不是真的要戴面罩？"关于这个问题，房东 23 岁的儿子也问过我，当时他的电脑屏幕上显示的是一张 2003 年"非典"横行时人们戴口罩上街的照片，不知道这张照片是不是被他们的媒体不怀好意地张冠李戴了。

参观牛津大学

北京污染问题的答案很让我纠结：北京确实污染比较严重，但是还不至于严重到要戴面罩出门的程度。而且，近十年来，北京的环境治理取得了很大进步。每次我说完这些话，我看到的都是他们将信将疑的眼神——或许，他们更相信他们自己的媒体的报道。

说实话，北京奥运会之前，英国的报纸和各大小媒体长篇累牍的报道和图片，让我也为北京的空气质量担心。奥运会期间，蓝天白云，我那悬着的心才算是安定了。

媒　体

对于英国人对中国的不了解或者误解，他们的媒体"功不可没"。

对于学英语专业的我，BBC（英国广播公司）曾经是我仰慕的对象：纯正的英语，犀利的报道。在闲暇时光，我喜欢打开收音机或者打开

精通多国语言并热爱中国的学生

电视，一边沐浴在纯正的英国英语中，一边了解英国的社会文化。

然而，不到一年的时间，我对英国媒体，尤其是 BBC 的态度发生了 180°的大逆转，从开始的仰慕，到不平，最后是愤怒，甚至是憎恶。他们对于中国的报道，几乎都没有客观、公正、全面过。不报道中国任何科技、经济的发展，不客观报道历史。当然，任何媒体都做不到绝对的客观、公正、全面，只是，BBC 专门从抹黑中国形象的角度去报道，或者干脆颠倒黑白，歪曲事实。比如，2008 年 4 月 6 日奥运火炬在伦敦传递过程中，遭遇了"藏独"分子以及不明真相的英国人的阻挠，而 BBC 摒弃了新闻媒体的客观公正，对"藏独"分子的不当行为采取了完全一边倒的支持态度。其对 2008 年 5 月达赖在英国窜访的报道也是如此。

后来当房东跟我谈起这个问题时，我大致跟她讲了西藏和达赖的来龙去脉，她很感兴趣地听着。我告诉她：如果你会中文，到中国的

与 **The Sixth Form College** 外语系老师合影

网站上看看，或者直接去西藏，亲身体验一番，亲眼看一看，那你就会知道西藏到底是什么样子了。

像这样的歪曲报道不胜枚举，为此，中国的留学生自发组织了游行示威以示抗议。2008 年 4 月 12 日，在英格兰第四大城市——Sheffield 的市中心，近百名中国学生冒雨进行了两个小时的"反西方媒体不公正报道"的和平宣讲集会活动。我们不敢奢望一个 2 小时的活动能够让多少英国人彻底改变对 BBC 这样的当地媒体的盲从，以及彻底改变对中国政府的偏见，但至少这能够让英国老百姓有机会在一定程度上了解中国，了解世界上不仅仅存在西方媒体的一个声音。

2010 年国庆节前，国新办（中国国务院新闻办公室）在国际主流媒体，面向世界观众，播放中国的国家形象宣传片。我们的媒体终于行动起来了！

我并非盲目自大的极端民族主义分子，听不得外国对中国的批评，更不是崇洋媚外、摇尾乞怜的"卖国贼"，认为外国的月亮比中国的圆，但我想，改变中国的国际形象不只是媒体的责任，也是我们每个中国人的责任，改变中国的国际形象，也不能指望几个宣传片就能办到，这只是一方面，更重要的是要"苦练内功"，让我们的国家繁荣昌盛、我们的人民和谐安康。

参观剑桥大学

我看到的英国外语教学

邓懿姝

邓懿姝，英语高级教师，2004 年到北京师范大学附属中学工作，2008 年 9 月至 2009 年 7 月在英国工作。

2008～2009 年，学校派我到英国工作学习一年。作为外语教学的前沿，英国的外语教学在世界上一直处于领先地位，世界上很多外语教学方面的顶级人物都在英国或来自英国，国内的很多知名专家学者都曾经到英国求学。因此，出国之前，我就决定，一定不能错过这个学习的良机，一定要去深入体会英国的外语教学，为自己在国内的英语教学拓展视野，积累经验。

很幸运，我所工作的英国学校 The Sixth Form College 是一所大学预科学校，在当地属于规模比较大的一所学校，它的语言系设置了多种外语教学课程，如法语、意大利语、德语、西班牙语、乌尔都语、汉语等，给我提供了很多的外语教学观摩和学习的机会。现就将几点体会记录如下。

游戏进入课堂

我刚到英国，就听了整整一周语言系老师的课。第一节德语课，老师 Debra 以掷骰子的形式给学生分组进行语言操练活动，并在小组活动之后又以掷骰子的形式抽取小组进行展示活动。整节课都在游戏中进行，表现好的同学可以得到教师的小奖励：一块巧克力。学生在

在苏格兰的爱丁堡

轻松的气氛中学习，无论是看似枯燥的语法，还是词汇学习，都因为小小的两个骰子和几块巧克力变得生动起来。课后，我和 Debra 在交流外语教学经验时，Debra 告诉我，在英国的外语教学课堂中，这种掷骰子的游戏很普遍，已经成为一种基本固定的游戏活动之一。她课上所使用的骰子并不是她自己准备的，而是语言系为教师们准备的教具之一。Scrabble（一种拼词游戏）在英国课堂中也很普遍，在后来的其他外语课上，我也多次见老师们使用。

生活体验进入课堂

在英国的外语教学中，多次见到老师们用生活中的实践操作为例，进行形象的比喻，引出教学内容，并把这种比喻贯穿在整个课堂教学过程中，效果很好，学生也特别感兴趣。在一次法语的写作课中，教师 Beverly 一开始就问学生"你会做蛋糕吗""怎么做蛋糕"。学生们都争先恐后地回答，并非常认真地讲解自己做的蛋糕有什么特色，有多好吃。在学生高涨的热情中，Beverly 认真地把学生们谈到的蛋糕类型，制作蛋糕的材料分门别类记录在白板上。在学生们发言结束时，

Beverly 才说，写作就像做蛋糕一样，你要准备好各种材料，然后精心设计，这样你写出的文章才能像美味的蛋糕，吸引读者去品尝、体会。这时她又把写作的要素比做蛋糕的原料，教学生如何制作精美的"蛋糕"。整节课气氛活跃，生动的教学模式令我今日仍历历在目。我相信，通过这样的教学，学生对写作课一定会充满兴趣，写作能力一定会很快提高。

真实情景进入课堂

在英国的口语教学中，老师们一般都用音像资料提供真实的交际情景，反复听读，反复观摩，然后再让学生操练，几节课下来虽然讲的内容很少，但学生掌握得却很好。在一节意大利语的课上，Martin 老师教授零起点的学生如何用意大利语打招呼。他先放了一段视频，视频中，形形色色的人在各种不同的语境中使用意大利语问好，真实情景不停变换。这样，看似枯燥的几句话以不同的形式多次呈现，学生毫无疲惫感，反而兴趣十足，连课堂中的我都期待下一个画面的呈现。一节课下来，学生已经可以模仿视频中自己喜爱的人物形象像模像样地用很纯正的意大利语发音和别人打招呼了，而且学生在以后的几节课中，所用的语言也很自然到位，效果很好。

虽然国内的大班授课(40 人左右)与英国的小班教学(1～17 人)相比，有很多不利因素，我们的考试模式和教学内容的限制使很多教学理念无法在英语教学中体现，我们的教具和教辅材料也不如英国的外语教学丰富，但英国的外语教学给了我很多启发。我想，如果我能时时把学生的需求放在心中，真正做到以学生的"学"为中心，尽可能多地给学生以趣味英语、体验英语，一定会实现更好的教学效果。

生活在彼岸

—— 我的美国一年

张 洋

张洋，语文教师，2000 年到北京师范大学附属中学工作，2008 年
9 月至 2009 年 7 月在美国大使馆做中文教学工作。

13 个小时的飞行，怀着忐忑的心情走下飞机。从那一刻起，美国
就进入了我的视野——不是电视上和图片中的，而是真实可触的一片
土地。那里有高楼大厦鳞次栉比的大都市纽约，有学术氛围浓郁的哈
佛大学和麻省理工学院，有加州洛杉矶好莱坞的星光大道……这些，
会是我一年中看到的美国吗？彼岸的生活会是怎样的？一切都还未知。

美国式的喧闹与宁静

印象中的美国是喧闹的——熙熙攘攘的人群，步履匆匆的金融精
英……在我看来，这只是表象。事实上，美国的喧闹表现为对世界各
种文化的包容。这种包容，自然以大都市为最。

我在一年中最冷的季节来到纽约，除了那些游客必到的常规景
点，我选择了百老汇音乐剧《芝加哥》。剧院位于 49 街上，本以为到得
挺早，可到那里一看，才发现剧院门口已经排了长长的队伍——百老
汇的号召力果然不一样。

这是一部典型的美国风格的音乐剧，三十余年长盛不衰。据说该

在夏令营开幕式上发言

剧改编自20世纪20年代发生在芝加哥的真实故事，无论是音乐剧还是电影，都大受好评。大幕开启，发现所有的伴奏人员都在舞台上，灯光勾勒出的梯形格外醒目。谋杀、贪婪、堕落、暴力、利用、通奸、背叛是这部戏的主题，在我看来，抛掉这些不说，舞台设计、演员的表演的确能够带给我这样的音乐剧门外汉不小的震撼。其实我是不喜欢音乐剧的，总觉得它太热闹了。然而百老汇的真正成功之处，在于它能够把严肃的主题孕育在热闹、通俗的音乐表演中，这是对各种艺术形式的成功融合。它不同于歌剧，因为歌剧往往太过典雅；也不同于演唱会，因为那纯粹是一种娱乐。历史并不长的美国人，善于在娱乐放松的同时思考严肃的主题。听百老汇的歌剧，不用西装革履，一袭牛仔裤、T恤衫足矣，这种方式，既可高雅，亦可平常，而如我这般凡人，恐怕更容易接受这样的表演。

纽约的另一种繁华属于大都会艺术博物馆（MMA），在这里，可以泡上一天，为的就是可以与不同风格的艺术直接对话。希腊、罗马、亚非、拉美、欧洲——世界各地的艺术精品在这里会集与展示。美国人是善于"拿来"的，因此这里有整幅的中国壁画，有"照搬"的丹铎神庙，有莫奈、梵高等的多幅作品。站在这里，我只觉得自己渺小：我无法想象，两千多年来，是怎样的一群人创造了艺术的奇迹。对于艺术品，绝大部分我是记不住名字的，但站在它们面前，却有一种力量直达心底。这种力量，可以穿越时空，可以超越喜怒。即使文化体系完全不同，人种完全不同，但艺术的震撼力永远存在。

海纳百川——这是美国给我的最深印象。美国人的生活也是如此。我到一个美国朋友家里烧烤，发现她的朋友包括白皮肤、黄皮肤、黑皮肤，大家毫不拘束地围绕在烤炉前，完全看不到因肤色或种族而带来的隔阂。诚然，美国社会中种族歧视仍然存在，但不可否认，这个国家正在以开放包容的心胸接纳更多的人，这也是一个国家不断前行并繁荣的重要因素吧。

抛开大都市的开放与喧哗，美国的生活，其实有着国人难以想象的宁静，甚至寂寞。习惯了北京熙熙攘攘的人群、拥挤的地铁和公交车，初到这里时，还真是觉得不适应。然而生活了一段时间，发现这宁静如同上文写到的喧闹，也是美国文化不可或缺的一部分。

美国式的宁静源于一种生活态度，那天，在 Arlington Cemetery（阿灵顿国家公墓）里，刚刚下过一场雨，肯尼迪墓地上的火静静燃烧，无名战士墓群也被冲刷得格外清亮。走在墓园的石板路上，一阵风过，叶片飞落，独有一种感觉，那便是——肃杀。而在那些后来人的墓区，时常会有一两辆车停在路边，车上的人下车来，拿一束或一盆鲜花，放在亲人的墓碑前。这里的一切都是静静的，却远比国内墓园中常看到的烟熏火燎、哭声震天的场面更动人、更震撼。

这种美式的宁静还表现在人与自然的和谐上。佛罗里达州著名的大沼泽国家公园，是动物真正的栖息地与天堂，鳄鱼"嚣张"地趴在路上晒太阳，不知名的鸟站在路边的栏杆上好奇地望着来往的游客。还有海边的日落，夕阳下，海鸟起飞，身处其间，诗意得很。我从未与野生动物如此近距离地接触过，曾经在青海湖边看到一群正在休憩的飞鸟，未曾亲近，水鸟便被"扑"上来的四五个游客吓飞。总是遗憾没能真正体会什么是古人倡导的天人合一，却不曾想在美国的土地上感受到了。

在大都市的繁华喧闹之外，美国人也是甘愿享受这种宁静与寂寞的。曾经经过一个美国小镇，镇上看不到几个人，但每个人都面带笑容。镇上的邮局机器很老式，邮件也不多，但那个唯一的职员却非常满足。而那个小小的教堂，甚至没有专门的牧师，但并不影响镇上的人对宗教的信仰。生长于都市的我从来没有享受过这样的生活，忙忙碌碌间，似乎只习惯了"强说愁"，而忘了寂寞其实也是可以享受的。

不同以往的发现与付出

在美国的一年，对我来说，颇似涅槃。虽然我不是浴火的凤凰，但在这里的种种磨砺和点点发现，都让我有了一种重生的感觉。带给我这种感觉的，是中美教育之间的差异和在这所特殊学校的特殊工作。

授课实录

这一年最奇妙的事情便是置身美国民众中感受总统大选了。街头到处都插着有奥巴马和麦凯恩名字的标志牌，小摊上更是处处在贩卖印有两人头像的 T 恤；上英语课的时候，帅气的男老师充满激情地向我们宣告他对奥巴马的期待；参加聚会时，那些朋友商量着哪天去投票……美国人把选举总统看做自己生活不可或缺的一部分，这时候，无论支持哪一方，他们都觉得自己是这个国家真正的主宰者。奥巴马就职的那天，华盛顿特区格外冷，但这并没有影响美国人的热情，特区的地铁里挤满了人，城市街道上第一次堵满了车——这些是我在华盛顿感受到的唯一一次拥挤。人们从四面八方赶来，在寒风中欢庆总统就职。这是美国民主开放的又一体现，而它与美国人接受的教育密不可分。在美国，大学校园没有校门和围墙，以至于我早已进入麻理或哈佛的校区而不觉。在美国人看来，大学意味着开放的思维，意味着融入社区、融入社会，意味着成为整个社会的一部分，而不是独立于其中的象牙塔。

我不是教育专家，也不想在我的文章中分析中美教育的异同。我只想选择几个给我印象最深的事情呈现给大家。

那是 8 月里的一天，我到美国刚刚三个星期，同事邀请我去参加马里兰教育部门主办的开学准备会。活动在一个大型的露天场地举行，教育部门向家长和学生们发放下一学年的课程资料。可贵的是，这些材料大都提供了英、中、日、韩、法、西(班牙)等多种语言版本，可见美国学校接纳成员之广。不仅如此，这里还提供了供参观用的校车，校车上有专门人员向刚入学的小学生讲解乘坐安全的相关事宜，包括安全门的位置、逃生路线、安全带的系法等。中午时分，消防局还派了一辆专业消防车为学生表演高空救人等技巧，目的在于最大程度地让学生了解安全知识。这样的活动令我大开眼界，同时也不得不感慨：我们的教育还有很长的路要走，还有很多需要学习和改进的地方。

5 月，到美国小学听了一节课，老师给学生讲了几个故事，其中不乏我们熟悉的童话，却发现中、美的版本有所不同。

小美人鱼爱上了王子，最后巫婆给了她毒药，结局却是王子发现了小美人鱼的秘密，尽管他也很爱美人鱼，但他却不能下决心放弃自己的一切跟小美人鱼到海底的王宫去生活。于是，茫茫大海上，王子乘坐一条船远去，泪流满面，满怀不舍。小美人鱼赶到岸边，目送王子的船消失在天际，此时的她看着手中的毒药，心中释然——何必要为这爱情放弃自己的生活呢。于是，她把毒药抛向苍茫的大海，飘然回到了自己的生活之中，幸福还在等待着她。

丑小鸭被鸭妈妈孵了出来，但并没有遭到鸭妈妈和自己兄弟姐妹的鄙视，而且，在周围的动物嘲笑丑小鸭的时候，鸭妈妈奋不顾身地站出来保护自己的孩子，甚至不惜与自己最好的朋友翻脸。于是，便有了这样一幅画面：鸭妈妈带着丑小鸭和其他儿女在池塘的一边嬉戏、觅食，丝毫不理会另一边鄙视的目光与嘲笑的言语。丑小鸭觉得自己连累了家人，离家出走，希望以此减轻家庭的负担。当它发现自己长成美丽的白天鹅的时候，它飞回家，骄傲地告诉妈妈："我不丑了，不会再给家里丢脸了!"妈妈看着已经长大的孩子，心平气和地说："孩子，妈妈从来没有觉得你丑啊!"

几个故事都很有意思，从中我听出了美国人对独立自由和个人价值的重视。也正因如此，美国孩子的独立处世能力很强。暑假期间，我组织了使馆的"中美学生友谊夏令营"，发现美方除赞助商外，全程陪伴我们的志愿者都是些十七八岁的高中生。几个小伙子为我们安排午饭、联系车辆、设计路线，而我们的营员里其实也有几个同等年龄的孩子，相比之下，我们孩子的处世应变能力相去甚远。夏令营的经历对我的刺激很大，我知道我们的教育部门也在努力改变教育现状，然而回国后，我发现自己的很多尝试在考试的压力下变得极其尴尬，无奈与挫折感围绕心头，或许，改变还需要时日吧。

当然，这一年，除了发现后的快乐，还有付出时的辛劳甚至痛苦。

在美国的工作很特殊，因为这是一所特殊的学校，要面对的是一群特殊的孩子。我要做的不仅是教好语文课，让他们的中文水平不至于下降或能稳步提高，更要为这些孩子组织各种各样的活动，让他们时刻感受到自己是个中国人。于是，这一年，我学会了很多"技术"：摄影、绘画、手工、缝纫，甚至舞蹈、独唱。我曾经戏称自己简直成了"全才"，然而这些，还远不足以让我涅槃。

驻美使馆阳光学校的工作是辛苦的，尤其是碰到大型活动的时候。《红楼梦》中王熙凤协理宁国府，是其治家能力的集中体现。比起能干的凤姐，我自然差得远，但种种大型活动也着实让我脱胎换骨。

外交官的工作繁忙，又赶上11月胡主席访美，全馆上下都忙得脚不沾地，而我们作为后勤之一，自然要为他们解决后顾之忧，于是便有了高访托儿班。我平生第一次全程负责安排孩子们的衣食住行、学习娱乐，真是如履薄冰，反复修改方案，生怕哪个环节出现问题。好在一切顺利完成，而我，则是几个晚上没睡好觉。

除此之外，我经历了学校从旧使馆向新使馆的搬迁。学校硬件面目一新，自然少不了各种纪念仪式。杨洁篪部长参观学校并欣然题词，周文重大使为新学校剪彩，一系列活动需要我全程策划并主持。每每此时，我都有一种感觉——在痛苦中蜕变。设计，被否决，修改，我

周文重大使为学校迁新址剪彩

在这样的轮回中被摔打，被磨砺。尽管也曾在背人处暗自落泪，但不可否认，这一年的工作让我认识了一个全新的自我，学会了对各色人等怀抱一颗感恩的心。他们所给予我的一切，无论是痛苦的还是快乐的，都是我人生路上的一笔财富。它让我珍惜身边的人和事，体会到附中于我是怎样一片沃土。还记得在美国时的这样一个周末：窗外春光明媚，我突然发现，一如那枝头的新绿，我也度过了工作中最漫长的寒冬。

于是，我记起了在美国工作的温暖。

和一年级的小孩子在一起总会觉得非常快乐。他们会称我为"美丽的张老师"，会认为我是和奥巴马一样重要的人物，会带来一小盆植物和我一起养……有时候，即使只听他们对话，也是一种享受。那天上课前，阔阔说："我小的时候觉得骗人是很好玩儿的事，现在不觉得了。"宽宽马上回应："我从来不骗人，我是一个诚实的孩子。"而此时果果接上一句："我从来不知道不诚实是什么，我只知道诚实。"本来挺平淡的话，但孩子们天真地说来，便觉得格外有一番哲理。

——这群小孩子是我一年中最温暖的记忆。

当然还有那些上初中的大孩子。他们会给我讲很多学校里发生的事情，让我这个没什么机会接触美国课堂的人大开眼界。从他们的描述和提供的材料中，我了解了美国学校对学生学业和品行的要求，也见识了美国中学的奖惩措施。这令我发现自己过去对美国教育的认识有多么浅显。

——这群大孩子在工作上给了我最大的支持。

彼岸的生活虽然并不完美，但离别之日的到来，就意味着告别一种生活，回到自己原来的轨道上，那时，心里的滋味颇为复杂。还记得收到教务处发来的一封信，通知我高一分班考试的时间——一切又将回到从前，开始那种忙碌充实的生活，不知是该快乐，还是该感伤。

这一年，最大的收获，是我更加明白自己想要的是什么，从而发现一个真实的自己。这一年的经历，打磨掉表面的浮华，让我知道最能发挥自己特长的地方在哪里，它让我在工作第十年的时候更加成熟。

米字旗天空下的徜徉

——记一年的留英生活

王薇薇

王薇薇，英语教师，2006年到北京师范大学附属中学工作，2009年7月至2010年7月在英国攻读硕士学位。

第一次亲密接触

终于结束了为期大半年的申请，我捧着一个装着 Offer（录取通知）的牛皮纸袋，拖着30公斤的大行李箱于2009年7月的一天，经过近20个小时的长途飞行，来到了英国第六大城市，纽卡斯尔。

疲惫，忧虑，紧张，所有这些一路上困扰我的情绪都被一声热情的"味味万"（Weiwei Wang）打消。一个棕黑肤色的印裔老外站在一辆黑色的出租车旁微笑地招呼我过去。当他确定我就是他要接的学生后，绅士地打开车门迎我上车，载着我驶向纽卡斯尔大学。作为一个外国人，第一次走进这个古老神秘而又环抱在童话故事般美丽风景中的国度，除了兴奋我暂时没别的想法了，只是趴在车窗上看一幅幅扫过的崭新的画面。

一路上树木葱郁，行人寥寥，从车窗时不时吹来带着青草香气的风，湿乎乎像是随时能挤出水滴来，典型的英国风。不多久，学生样的人逐渐多了起来，我们的车驶进了纽卡的学生公寓 Leazes Parade。

在纽卡斯尔联队圣詹姆斯球场

没有熟人，没有地图，领钥匙匆匆入睡。

学习生活

● 入学

说来很惭愧，我也算工作多年，但是初来学校却什么都摸不到门路，没有银行卡，没有警察局注册，没有医疗卡，没有手机，没有交通工具。入学的手续实在是太花心思了。英国的新生入学手续其实只有一个字"问"。比如：

"请问需要体检么？""是的。"递给你一张要填的单子。

"请问需要警察局注册么？""是的。"递给你一张要填的单子。

"请问需要去银行开户么？""是的。"递给你一张要填的单子。

"请问上课有课程表么？""是的。"递给你一张纸。

于是，根据个人主观能动性的不同，有的人来了一个月还在等待银行开户的单子，等待体检通知，而有的人已经在享受签约手机的免费 600 分钟通话了。

因此，在英国上学，可以总结为——多想，多问，多帮助人。感谢所有帮助过我的人。

● 图书馆

早就耳闻纽大的图书馆很好，曾被评为全英国最受学生欢迎的图书馆。来校的第二周，在学校的安排下，老师组织大家参观图书馆。整个过程 40 分钟左右，配有专门的老师讲解。在图书馆里转了一圈之后，给我印象最深的是老师不停微笑地强调，"Please feel free to ask. We welcome the same question."（请大家尽管提问，我们欢迎重复的问题）"It's our job to answer your questions."（我们的工作就是回答大家的问题）。

突然想到两天之前来这里借书，当我找不到一本书正犯难的时候，有位中年妇女热情地楼上楼下地帮我。同时，她还不停地安慰我不要着急，她可以帮我申请让学校买或者从周围城市的图书馆调借。我这时候恍然大悟，原来"过分热情"正是这所全英国最受学生欢迎的图书馆的工作宗旨和受欢迎的直接原因。

● OAC 与学生志愿者

纽卡斯尔大学之所以能够被毕业生评为最受欢迎的大学，得益于教学人员和教辅人员共同搭建的优良的人性化的软硬件学习环境。

先说硬件，除了图书馆，纽卡斯尔大学里有一个 OAC（open access centre），翻译为中文应该是自学中心。这是一个多媒体多功能环境下，学生自主学习的场所。里面有各种教材和影像音响资源、电视、DVD（数字多功能光盘），供各个阶段的学生自学，或者进行小组学习。自学中心门外的长廊中央有一块小黑板，学生们将自己需要找的学习伴侣的要求贴在上面，不久就会找到和自己有共同学习兴趣的同学。另外，自学中心也有对学生学习很有帮助的一些资源。在走廊的尽头设有数学办公室和英语写作办公室，由一些高年级的学生志愿者和专业老师负责回答或辅导学生们的问题。

软件方面，个人体会，对我帮助最大的是学校的辅导团队。这是一个区别于正常教学团队的教师团队，他们有独立的任务，就是每周办各种课堂，专门讲上课的难点重点和取得学位的必要内容。学生们选择性地参加这些辅助课程，老师们的工作就是查漏补缺，帮助后进学生。这样的教师组织有效地提高了学生接受知识的整体水平，同时还有效缓解了教师和学生的压力。

● 第一份正式作业

为了简单地讲述如何写论文，老师 Bruce 布置了第一份简单的论文作业，要求大家既有 primary research（初级研究）又有 secondary research（二级研究），因为晚来了一周搞不清楚两者的区别，后来自己的项目就莫名其妙地被 Bruce 定为初级研究了。设计问卷调查表，统计数据，讨论，结论……据我理解就是这样的写作过程，相对二级项目需要绞尽脑汁搜章摘句写 main body（主体），我的应该容易很多。

这门课的重点是强调杜绝抄袭（plagiarism）。

英国人相当相当强调原创写作。即使用了别人的想法，用 paraphrase（意译）或 summary（摘要）掩盖了，也要注明出处。Bruce 用了三节课讲 plagiarism，难免让我有点小多心，是不放心外国学生么？还是以往的学生不争气地给了他这么个印象？遂下决心要努力争气。

● 英国老师的课堂

记得我第一次参加的讲座题目是 Battle in Britain（英国的战争）。无聊的战争历史被老师声情并茂地演绎得活灵活现。开场白就逗得大家哄堂大笑：他的家族姓名故事，以及他们家族的移民历史。老师的 PPT（演示文稿）做得引人入胜：将领，

在纽卡斯尔大学图书馆前留影

战场，还有局势，伴着各种战斗机的轰鸣声在我们的眼前飞来飞去。残酷而严肃的战争被回避，取而代之的是一段充满童真气的自述。老师从一个孩子的视角给我们讲述这段影响他们家三代人命运的战争。他通过爸爸、哥哥、弟弟等人物依次地登场，从不同的角度重现了这场留给英国人民深刻记忆的"二战"的影响。

他是个飞机狂，因此找了很炫目的飞机图片来分析英德两国的军事实力。老师在讲这些不同型号的飞机时，用 bus（公共汽车）和 Ferrari（法拉利赛车）做例子，很形象。为了能够给我们留下更深刻的印象，老先生时不时地发出各种叫声（相当的投入），让我们立刻明白了飞机分行的速度和特点。

英国的天气

关于英国的天气，我想说雨伞真的很没用。请看下面我的一段日记。

昨晚两点一战到底完成了自认为完美的问卷。

在复习了明天的各种可能安排后，放心地把闹钟调到了 7：00。上床之前默念："终于可以睡个好觉了。"

6：00，警报响起……又是防火演习，吃一堑长一智的我（昨天由于没有及时冲出去被三个金发美女分批分拨地上门批评教育）极迅速地穿好衣服冲了出去，途经厨房的时候，被室友制止："是别的宿舍在演习。"我欲哭无泪。

窗外大雨，美梦无法再续，遂背上书包去图书馆努力。

一路上终于领教了纽卡的天气……大风从四面八方吹来。这条路是直的，但我却在一分钟之内四次变换雨伞的方向。我可怜的小金伞在这时候接受了它"出道"以来最大的挑战：变换各种形状，时而"Y"，时而"个"。不过最终它没事，但我头部以下的区域均被雨水洗涮了。包包里的相机应该没事，不过它现在躺在暖气上。经过奶牛场的时候，"撞"到了几个纽卡人（由于雨伞的原因根本看不到前面，走路基本靠撞）。相比人家的夹克（防水），发现雨伞真的很没用。

文化生活

● 英国的饭

说到英国的饭，不能不提到 fish and chips（鱼和薯条）。在 20 世纪英国百姓主要靠从事体力劳动生活的时候，这种油炸的廉价的高蛋白、高热量食品自然受到大众的青睐。我第一次品尝鱼和薯条是在纽卡斯尔的海边（Whitney bay）。这个海港距离市中心仅仅 30 分钟的地铁路程，因为盛产美味的海鲈鱼而闻名英国。当我在路边最有人气的小店点了餐后，被同桌的老年父母吸引了。他们的吃法好像很正宗，先在薯条上撒盐、胡椒和番茄酱，接着在鱼的两面撒了大量的白醋，然后用叉子把鱼分了慢慢享用。我复制了这个方法，尝了一口，嗯，Yummy（美味）！

距离 Whitney bay 不远有个叫做 Tynemouth 的小港，港上有个集市每周开放，供当地的居民买卖二手小商品。这里聚集着各种各样的商品，价格低廉，却时不时可以"淘"到宝：也许是"二战"时候的勋章，也许是个简单的挂件，也许是什么古董。人们不以卖出多少钱为目标，而只是享受买卖的过程。

● 纽卡斯尔联队

纽卡斯尔有一只闻名世界的足球队，纽卡斯尔联队。虽然我去英国的时候，球队已经从"英超"降级，但是这似乎丝毫不影响当地人对主队的狂热支持，每逢比赛之日，我在自习室都能听到几万人集体呐喊、集体叹气和集体庆祝的声音。上到 70 岁的老人，下到几岁的儿童，都身着主队队服涌入球场，买不到票的人集中在酒馆，共同为主队呐喊，落后了也唱歌鼓劲。如果输了，球迷们有伤心落泪的，也有懊恼失望的。比赛赢了则是那么的兴奋，满街都是庆祝的人，此时纽卡就成了球迷欢乐无眠的海洋，我在住的地方就能感受到那种热情。这种足球的氛围和文化深深地触动着我。足球的文化也是这个城市的文化，这个英格兰东北部城市的豪迈的人们用这样直接简单的方式表达着他们对这片土地的热爱和眷恋。

● 纽卡斯尔的热情

在纽卡的留学生很幸福，因为这里的人们被公认是最热情的英国人，原因有二，第一是因为这里位处英国距离苏格兰最近的大城市，人自然有些苏格兰人豪爽热情的性格特点。第二是因为这里物产丰富，人民生活富足安康，百姓自然情绪好，热情好客。作为中国人，每天上学路上总能听到几声热情的招呼，"妮浩（你好）！"

收 获

时光荏苒，眨眼间我留学的生活已经结束大半年了。这短短的时光不光让我完成了硕士阶段的学习，还让我收获了厚重的友谊。

去国外学习过的人都能体会，在异国他乡最难熬的是寂寞和思乡。特别是每逢周末，看着空荡荡的教室和校园，走在人来人往的街道上，穿行于荡漾着幸福笑容的一家家一对对中，飘摇在外的我们常常陷入思念家人和祖国的情绪当中，淡淡的伤感，幽幽的乡愁。于是

硕士研究生毕业

在一栋栋学生宿舍里，不同国籍、不同肤色的我们就成了家人，每天放学，客厅里会有人热情地关心你学了什么，有什么奇闻趣事，餐厅里会有人为你准备哈萨克斯坦炒饭、伊拉克烤肉、荷兰甜点、韩国酱汤，大家用英语交流着不同的文化，享受着小楼里小家的温馨。图书馆路上，餐厅里，朋友随时都会微笑地打招呼嘘寒问暖，学校就是个大家庭。这一年的学习生活也是培养友情、收获友情的一年：现在我可以自豪地宣布，除了北极洲，我在世界各地都有朋友！

出门在外的这一年多，最大的体会还是关于教学的。在英国，教师很强调学生创造力的培养，自主学习和创新永远是培养学生最主要的方向。教师的责任是对学生初期研究方向的资料筛选和对学生后期研究的指导。学校对教师的要求主要体现在著作出版和论文发表上，有的院系的在读学生也参与到教学工作中，每月有学长给学生们准备课程，专门攻克学习中的难点。教师对于学生的学业有深刻的了解，每周会定期安排时间和学生详细讨论下一步的努力方向，通常这个时间安排在学期开始时就会张贴在教师办公室的门前，到时候老师会准备一篇完整的学生评价，找学生做一对一的深度的指导。在教学方法方面，我研究的是微观教学，主要就学生和教师的课堂对话进行了细微分析，研究学生掌握知识的情况，相信在未来的教学当中能发挥积极的作用。

一年半徜徉于英国"米"字旗天空下，收获了很多：学业，友情，对未来深刻的思考。虽然这段时间对于人的一生来讲只是短短一站，然而，国外大学独特的教育方式和教育理念以及教学资源使我对这一年半的学习生活记忆犹新。在英国，虽然学业很忙，但我一直没有停止想念学生，想念同事，想念一直以来关心我生活学习的领导们。幸运的是在校园网上我可以时刻了解学校的新闻动态，这些不断更新的新闻和制作精美的数字电视给身在异国他乡孤独"战斗"着的附中人带来了家一般的温暖，让游子们为学校的蓬勃发展而欣喜自豪。希望我能在附中这个舞台上运用自己所学习的知识，用一颗最真诚的心为附中的发展贡献自己的一份力量。

印象美国

郑 媛

郑媛，语文教师，2003年到北京师范大学附属中学工作，2009年8月至2010年9月在美国大使馆做中文教学工作。

在使馆的日子

2009年夏末的一个宁静之夜，我飞抵了陌生国度——美国，带着对异域文化的好奇，带着传播汉语的使命，开始了为期一年的美国生活。中国驻美使馆前来接机的越野车在高低起伏的丘陵上穿行，城市的灯光在森林的掩映下隐约闪烁，这是美国的首都、世界的政治中心、森林城市华盛顿给我的第一印象——静谧而沉稳。

抵达美国的第二天，我来到了使馆。那是一个非常有特点的现代化建筑，造型前卫而富有想象力，出人意料的是它竟完全没有中国元素，这也许是在展示中国的现代性和发展观。中国使馆对面是以色列使馆，这给中国使馆带来了一个很实际的好处，为保证以色列使馆的安全而经常性在附近驻扎巡逻的美国荷枪实弹的警察事实上也为中国使馆站了岗。加上美国警察的忠于职守，我国驻美使馆的安保人员相当幸福。但是使馆大门口从国内购买的自动阻车装置却因为质量存在严重问题，经常导致损毁本馆人员车辆的尴尬事件，其中两辆高级轿车分别因此花掉了上千美元的修理费。

阳光学校的窗子直接面对以色列使馆，有时候以色列使馆前游行

中国驻美使馆

队伍的声音会严重干扰学校的授课，甚至吸引并分散我的注意力。阳光学校的规模不大，校长、副校长分别由大使夫人和公使夫人担任，学校只有专职汉语教师一名，负责管理各年级教务及组织校内外活动。另外还聘任了几位外交官夫人辅助开设学前班、教授绘画课程及管理图书馆。阳光学校的学生都是外交官子女，数量随着外交官的轮换经常处于变化中。他们的年龄大小不一，学校很难精确地据此划分年级。解决外交官子女教育的后顾之忧，使这些身处海外的中国孩子学好中文，是阳光学校建校的首要任务，也是我作为专职教师的工作重点。同时，"心怀祖国，放眼世界"是阳光学校在德育教育上的基本定位，营造文化氛围对孩子们进行中国传统美德教育也是专职教师工作的必要组成部分。

在汉语教学上，阳光学校隶属使馆教育处，但从财政和行政管理上讲，它听命于外交部的调遣。这种复杂的隶属关系给专职教师工作增加了一定难度。在学校课程设置、规章制度制定、教师资源分配等诸多的教育管理问题上，需要专职教师具备扎实的教育和管理基本功及经验；而涉及组织活动、对外交流等问题，则需要专职教师熟悉外交部工作要求和流程。毕竟阳光学校的工作属于使馆工作的必要组成部分，在稳定"军心"的基础上更肩负着对外展示和宣传中国文化及联络中美年轻一代情感等功能，窗口的性质决定了学校积极参与、配合使馆对外联谊活动的重要功能。使馆的工作程序相当严谨，对效率的要求近乎苛刻。因为学校发生的任何一件事情都必然牵涉到使馆工作人员或者其他部门，所以专职教师要能与各部门良好沟通与协作，更需要扎实的机关公文写作功底，这是保证阳光学校良性运作的前提。另外，使馆工作中国家利益高于一切的基本纪律，对时政保持高度关注的习惯，谨严、扎实且高效的工作风格等诸多因素都深刻影响了我。

持外交护照进入美国境内的我其实不是真正的外交官，工作的核心任务是教学，但行为举止又要受外交官纪律的约束。这种尴尬的身份导致了一个直接的不方便：真正的外交官所享有的购车待遇专职教师没有，因此每天使馆门前就多了一道景观，那便是——我在等候可以搭乘回住宿地的车，不过学生的家长们倒是常常很乐意帮助我，这种对教育工作者的尊重和爱护是令我感动和难以忘记的。从工作地点步行回到住处需 40 分钟，我曾尝试每天往返步行，一个月下来竟然可以瘦 10 斤，那是在美工作期间我做过的一个很有趣的实验。

2010 年初秋一个温暖的午后，在返回中国北京的飞机上我回首这段工作经历时，竟有一种自豪感。阳光学校是海外的中文教育阵地，也是学校教育的挑战舞台。在中美文化的碰撞与交融中，作为中国文化传承的一条路径，我亲历并引导了那群身份特别的中国孩子对母语文化的热爱与坚守，这件事情意义重大而深远。

美国社会剪影

离开华盛顿的前一天清晨，在康涅狄格大街的一处地铁口，两个"流浪歌手"深情地奏着小提琴曲，晨曦里略带哀伤而舒缓的曲调似乎也诉说着我对这个充满活力而粗犷豁达国家的告别。

在美国的繁华大都市，像这样在街头完全陶醉于自我表演的歌手有很多，他们或许有着不一样的肤色，持着不相同的乐器，演奏着不同的曲子，但相同的是那种表情——没有谄媚，没有愁苦，这和我在北京看到的情形迥异。你只需欣赏，不一定要放钱在那里；他们陶醉的样子会让你感觉艺术就在你面前，简单的方式足以打动人心——阳光在脸上跳跃，音乐在身体里流淌。有时候，他们不是在演奏什么像样的乐器，只是一堆塑料桶或者破铜烂铁、锅碗瓢盆，但一经这些街头艺人有规律地敲击就是别样的音乐，通常那会是欢快并且幽默的。美国的街头艺人让我明白了创意无处不在，具有生命力的音乐不一定只"端坐"在高雅的音乐厅中。这种美国人性格中所具有的创造力和乐观给我留下了深刻的印象。

和生动的街头音乐就在百姓身边一样，高雅的艺术表演也可以和你如此贴近，这是让来自同为国际大都市的北京的我难以想象的。2010年美国独立日时，其国会山前的台阶上、草坪上坐满了人，一家人或坐或卧，不远处著名钢琴家郎朗优雅地弹奏着，享誉美国的当红大牌歌星动情地歌唱着。美国当地人告诉我，这样免费的文化盛宴在华盛顿比较频繁。如今，在北京，如此的免费艺术大餐也开始流行，这称得上是一个社会在走向富庶和文明进程中相当人性化的惠民行动了。

作为一个典型的多种族国家，美国的宗教生活丰富多彩，宗教文化成为人们生活的必需品。华盛顿的国家大教堂以典型的哥特式建筑风格成为当地的最高建筑。走进大教堂深邃而宁静的大厅，绚丽的彩色玻璃、朴素的青石墙壁、高而宽阔的穹顶……所有的一切都讲述着关于生命和真善美的人性故事。周末的弥撒是普通美国家庭通常会举家参与的。牧师讲解到"no fight，no war"的圣训时，会让大家和身边的人握握手；当弥撒进行时，信徒会向捐款箱里自愿投放零钱；当仪式接近尾声时，为感谢造物主的赐予，人们会依次去分享红酒和面包……整个过程孩子们都是亲临、亲历的，随着年纪的增长，他们会渐渐明白仪式所蕴含的意义。关于人类生存的终极关怀，宗教都竭力给出了答案，它帮助人自我确定、反省和约束，也帮助人认识所生存的环境和如何与之和谐相处。这正是对人灵魂的雕塑过程，也就是我们所讲的思想教育，不过形式比较特别。美国城市的标志性建筑里必然包含教堂，不同宗教的教堂建筑差别很大，撇开其外观如何吸引人不谈，其在灵魂层面对一个民族和国家所起的潜移默化的作用应是深远而持久的。

一年一度的 Andrews Air Show

美国对其重要城市都有明确的功能定位，据此所进行的城市设计规划及人文建设主题相当明确，因此我们如今可以看到美国诸多大城市都具有各自的鲜明个性。这一点有时从城市布局和建筑上可以作出判断，有时则需要深入参与城市活动才可以领略。纽约是美国也是世界的金融中心，那里高楼林立，车水马龙，以曼哈顿岛尤其时代广场为象征的城市性格里融合了声、光、电的狂欢，繁华而嘈杂，兴奋而躁动，自由女神被放置在这个热烈奔放的被称做"大苹果"的城市再合适不过了。如果说纽约像个充满活力的壮年男子或活力四射的女郎的话，那么作为政治中心的华盛顿则老成持重多了，好似理性的中年儒雅绅士，那里会集了国家的高级政府机构、各国使馆及形形色色的博物馆，往来人群多端庄、优雅，没有高楼大厦，宽阔的街道和安静的夜生活无不让人感受到其大气、严肃而沉稳的"性格"。坐落在五大湖区的芝加哥是建筑师们梦想前往的圣地，被一场大火焚烧后再次崛起的它成为全世界建筑天才施展才艺的舞台，徜徉在那凝固的音乐中，你需要挑战想象力和记忆力。小巧、寂静的波士顿是著名的大学城，在这里仅凭问路就能感觉到居民令人敬佩的高素质，友善表情、温和语调、十足耐心会让你在未走近哈佛这类世界顶尖大学前就已感受到那里文化磁场的引力……美国的街道通常按数字或字母排序，很方便识别和记忆，醒目的门牌号码是住址的重要信息。作为年轻国家的美国在城市设计与规划中体现出的一种科学的思维，为市民生活和游览者都提供了便利。

一年的美国生活使我对这个国家在城市建设与文化、宗教信仰等方面所秉持的理念和具体做法有了一定的了解，认识到发达国家在管理上的成熟和文化上的特色。不过遗憾的是没有机会走进美国校园，作为教育工作者，对最应该了解的美国教育我却知之甚少，只是通过阳光学校学生和家长的间接描述了解到以下一些信息。

一位外交官父亲讲述了一件小事情：一次美国小学的家长会，教师一对一地和家长沟通孩子的情况，轮到我们的外交官父亲时，他急于知道孩子在班级里的排名，这让美国老师吃惊、费解，她问："我们的每个孩子都是独一无二的天使，您为什么要把他们分出高下呢?"这个故事对我的触动很大。记得李开复也曾强调说自己的成长受益于在美国受教育期间几位恩师的鼓励，而这种美式鼓励教育基于对每个个体真诚的尊重和真挚的关怀，是一种博爱的教育。

美式教育鼓励创新并支持创造，这是美国青年一代的潜能被激发的根本动力。VOA(美国之音)网上曾经有一则教育新闻，报道了Facebook创始人之一创立专门基金提供给世界范围内具有创新意识和行动的青年回到大学开展进一步科研的事，这足以说明美国社会对创造性人才培养和重视的社会共识。这种鼓励创造的教育理念开始于美国学校教育的更初始阶段，比如小学。美国的小学生会体验多种多样的有趣的校园节日：卡通日的时候，每个学生都需要把自己打扮成自己最喜欢的卡通形象；泳装日的时候，每个孩子都必须穿上泳装或沙滩装去上课；圣帕特里克节的时候，他们身上必须要有绿元素才可以上学，有的学生甚至戴上了高高的绿色帽子，非常有趣。美国教育使人思考教育的真谛——发展人的自由天性，让人更快乐生活。

在 Havard University

另外，美国的学校教育资源很丰富。当看到弗吉尼亚的一所普通国立高中所开设的选修课程目录时，我吃惊地发现仅仅语言选修一个栏目里供学生选择的就有十几种语言，其中也包括汉语。丰富的资源，决定了美国教育中"培养国际化人才"不是口号而是现实。

目前，国内一些孩子逃避高考期望去美国"避难"，但据我了解，美国的高中生一样承受着高考的压力。一个希望进入著名学校学习的美国高中生，需要付出的不比一个中国高中生少。驻美使馆一对资深外交官夫妇的儿子以优异的成绩和出众的综合能力考取了耶鲁大学，其父母总结经验时说，耶鲁在SAT(学术能力评估测试)高分基础上很看重孩子的社会活动能力，而他的儿子擅长多种体育项目，精通两种乐器，并且在学生社会活动中常扮演组织者和领导者角色。看来，美国的精英教育很重视人才的综合素质和实践能力，并且竞争也相当激烈，孩子为此所付出的并不少于中国这些焦头烂额于"周末技能班"的孩子。

"生活在美国的残疾人是幸福的""在美国顾客是上帝"这些说法的属实和一些故事就不在此赘述了，"美国的高速公路都是不收费的，称'free way'"则不是百分百准确，比如从华盛顿到费城的高速路就需要交5美元的费用，但是那已经是少见并昂贵的收费了。

我眼中的美国人

使馆工作的性质和严格的纪律的确约束、限制了我深入了解美国社会的诸多领域，但下面的文字还是要说说我所观察和了解相对较多的一个方面，也是了解美利坚民族、走近美国文化较好的视角之一——走近美国百姓的生活。

普通的中国人对美国的"世界宪兵"角色定位相当反感，这种反感顺理成章地蔓延到了对美国老百姓的评价上，似乎多半美国人是不怀好意的伪君子或者执行双重标准的暴徒。而据我观察，很多时候对待国家战略和行为，美国老百姓持有与政府言行背道而驰的态度，有时甚至比我们这些外国人还不留情面地批判政府的虚伪与暴力。因此，无论何时何地，我们都不要让政治的烟雾误导了国家之间民间交流所应秉持的基于共同的人性温情的前提。

以下的特点是我所看到、听到和交往过的美国人留给我的印象：独立(independent)、富有创造力(creative)、乐观(optimistic)、热爱自由(love freedom)、运动型(sporty)、乐于冒险(adventurous)、实用主义(practical)、节约(economical)、友善(friendly)、幽默(humorous)、严肃

(serious)、快乐(enjoyable)、心态开放(open-minded)、聪明(smart)、自信(self-confident)······

真实的美国老百姓大多是不大关心政治的，对于一个政治体制相当成熟的社会来讲，这显然很正常。他们所关心的更多是具体的生活，尤其是如何进行休闲和娱乐。阳光肤色的流行解释了美国人所推崇的性格之一——sporty(运动型)。跑步是华盛顿最流行的运动方式之一，一天之内无论何时都可以见到在街上跑步的人，而且那种跑是真正的奔跑，大腿大幅度跨出而快速地交替向前，装备专业，大汗淋漓。自行车在美国相当不流行，使用赛车型自行车的骑车爱好者骑车不是为了代步而是为了健身。冬季滑雪场上的美国人让人觉得不可思议，七八岁的小孩从高级雪道上呼啸而下，父母远远自顾自地划着，只偶尔喊上一句——"Great"，而从坡度大于70°的专业雪道上急速娴熟俯冲的明显年过六旬的女性则更让人瞠目。如此种种给我留下太深刻的印象，美国人多在以游戏的方式、挑战的心理和享受的心情体验着运动所能带来的快乐。

挑战和冒险是美国民族性格中最有特色的一部分，他们因此收获了创造力和健康的体魄。同时热心、友善和包容也是多数美国人所具有的美好品格，这会让人觉得存有偏见地看待美国老百姓有失公允。在长途巴士上，邻座的一位70多岁的美国女士给我讲述她从德国移居美国的历史，和我分享她女儿给她准备的小吃，当发现我忘记带食物时，她更是将所带的葡萄全部送给了我，还嘱咐我随时可以吃她那一大袋坚果。在纽约的炮台公园，当我因地铁卡失灵而不能顺利进入车站时，一位白人女乘客见状迅速走过来帮我刷了她的卡，那份善意和及时的帮助让人感动而难忘。在华盛顿，因为没有手机我先后向陌生人借了不少于5次的手机打电话，都未曾遭到拒绝······是我运气不差，遇见的都是素质好的美国人？显然这种解释从概率上讲是说不通的。当然，在美国冷漠或带有种族歧视心理的也不乏其人。听美国友人讲，虽然如今种族歧视在美国不严重，但依然存在，当一个白人娶或嫁了黑人或其他不同于白人种族的人作伴侣时，他(她)或多或少会被另眼看待，因为那带给了白人世界不安定的因素，而改变和不一样使那些白人感到恐惧。

　　通过我所接触的美国人看，普通美国老百姓过的不是天堂的生活，相反，他们的家庭生活和中国城市人的相差不太大。比如，从事与财务相关的工作并不能让一个美国公民觉得来中国旅行是件轻而易举的事。他们也会考虑生活必须支出及积累养老金等问题，他们甚至不会买相当于一年工资结余即价值50000美元的奔驰。我们可以看到靠轮子生活的美国人更钟爱选择经济实惠的日产车，这是美国老百姓务实而经济的消费观很直观的体现。当我们的外交官看到副总统拜登开着个叮当作响的破车去上班时，不禁感慨万千欷歔不已，这跟我们中国当今"摩登"的消费观似乎很不一样。普通美国人家在孩子的养育过程中承担的费用不比中国的家庭低，因此在如今的美国，生育一个孩子也不是什么稀罕事。这似乎会给许多向往美国的绝对自由的人以

使馆阳光学校顽皮的孩子们

不小的打击，事实的残酷在于即使国情改变了，但是生活的压力在任何一个国家都是存在的。

但美国的人格独立精神是实实在在渗透到家庭中去了，这点不同于中国。"我不知道我的父母有多少钱，也不知道在他们辞世后会否送给我""我18岁工作并买了属于自己的第一辆车，我的父母并没有帮助我""美国的父母多数不会和子女一起住，不会给子女看孩子，我93岁的外婆一个人住，但我的父母会经常去看望她……你可以说这都是源于自私""我和我的父母即将去德国旅行，我们各自负担自己的那部分费用"……一位四十多岁的美国朋友如此描述他和父母的关系，这似乎代表了美国公民的独立意识和对这一精神的不打折扣的坚决践行。这里面有些东西值得借鉴，有些却让人恐惧。也许东西方的家庭文化在这方面应该有一个融合，至少在善待老人、使其老有所养老有所乐的问题上，美国应该向中国取取经。

一个人如果不活在别人的眼光中，那他将真正做到自由洒脱。我们中国人习惯了含蓄或矜持地表达喜悦，一旦突破了传统的方式，通常会招来不解或者嘲笑。在美国，人们却随心所欲、淋漓尽致地表达情感。青春之心与年龄无关，表达幸福的欲望与年龄无关，美利坚民族是个活泼自在的民族。我曾见到一个公共节日在百人围坐观看的台子上，一对年逾古稀的美国老夫妻和着不同的曲子跳着各种优美的舞蹈，他们不是演员，只是被快乐感染了的普通游客，至今犹记老太太活泼可爱的打扮，还有两条大辫子随音乐舞动的欢乐样子……正是这种无拘无束催生了美国人的丰富创造力。我也因此明白了一个简单的道理：其实打破约定俗成只是在一念之间，其后便可以天马行空。

如果一个国家资源足够丰富，财富足够多，是不是就可以不必提倡勤俭节约了呢？答案是显而易见的，这个显而易见的答案在我见证了美国社会很多关于节约的细节后更加确定。学生从书包里取出厚厚的足有5斤重的数学书，告诉我说教科书不需要学生自己购买，只需向学校借，但使用中严禁涂写，因为它将被循环使用。这让我对这个资源不知丰富过中国多少倍的发达国家肃然起敬，既环保又不浪费的理念不正是实实在在的保护资源、造福后代的行为吗？这让我联想起频繁的户外表演催生的华盛顿随时可见的移动可拆卸的舞台，这让我明白为什么富庶的美国满街跑的多是节能的日产车。曾听到美国人对中国旅游团挚爱奢侈消费品十分不解："就为了一个牌子，花那么多钱，值吗?"在美国的快餐厅和高级西餐厅，几乎见不到大量倾倒食物的浪费情形，这显然不仅仅与分餐制度有关。真正的富有应该是精神的富有，真正的文明应该是精神充实和理念成熟。

......

一个人对自我的认识和对世界的看法形成于他所接触的知识和丰富的经历，美国之行留给我的思考一部分沉淀为我的性格和观念，另一部分则启迪我进一步探索和深入研究。

欧洲见闻

包秀珍

包秀珍，语文教师，2003 年到北京师范大学附属中学工作，2009 年 10 月至 2010 年 7 月在德国从事中文教学工作。

名不虚传的德国人

2009 年的秋天，我来到了德国中部宁静美丽的小城市——吉森，在这里度过了让自己终生难忘的九个月。难忘清静整洁的街道，难忘落叶遍散的树林，难忘热闹的圣诞市场，更难忘的是让我钦佩、令我感动的德国人。虽然早已听过人们对高素质德国人的称赞，但此行更让我不禁感慨——德国人，真是名不虚传！

● 讲规矩、重诚信的德国人

曾听过这样两个故事：

一群大学生在德国某个城市街头做了个试验。他们把"男""女"两个字分别贴在马路边两个并排电话亭的门上。结果发现，来打电话的男士都走进了"男"电话亭，女士则都进了"女"电话亭。一会儿，"男"电话亭爆满，先生们宁可在门外排队，也不去光顾正空着的"女"电话亭。

1918 年，德国斯巴达克同盟（德国共产党的前身）在柏林发动十一月革命时，起义者在王宫门前奋勇冲锋，伤亡惨重，可就是无一人越过草地去进行两侧的进攻。原因何在？因为当时草地上竖立着一个小小的牌子，上面写着 4 个字："禁止穿行"。即使是在革命造反的时候

介绍北京师大附中

也不忘"守法"！

这两个故事，深刻地道出了德国人的民族性格，守规矩、重诚信是德国人留给世人最深刻、最良好的印象。

在德国乘坐公共交通有一个最特别的感受，就是无人查票。

上车并没有乘务员在门口检票，几个小时的车程也未看到乘务员来查票。后来听朋友解释，德国人买票全凭自觉，但是很少有德国人逃票。公交车上也是，没有月票、年票的乘客会主动买票，也见不到查票的现象。据说车上偶尔会有人查，一旦被发现逃票，将面对巨额罚款，同时在其个人档案中将有一笔不诚信的黑色记录，日后若有贷款、签证或其他需要政府帮助的事，就很难得到信任。

在德国诸如此类展现德国人守规矩、重诚信的事情比比皆是。

德国街道上有不少停车的标志，但看不到一个看车收钱的人，这并不意味着停车不收费。在每个停车位的不远处，都会有一个自动售票机，司机在泊车后要自觉到机器上买票，当然要对自己停车的时间长短有一个估计，并把机打的小票放在车内挡风玻璃处，因为偶尔会有警察来巡视。

超市、书店、服装店等门外都会看到一些摆在架子上或打折或最新上市的商品，但没有一个店员在旁边，有意购买的德国人会拿着这些商品到店内交款。

● 谦逊礼让的德国人

初来德国，处处谨慎小心，生怕给中国人脸上抹黑，一定要展现我们"礼仪之邦"的素质。遵守交通规则、买东西排队是最起码的，在无交通灯的岔道口看到有汽车驶来，我一定要停下来让车先行。但在德国，你的礼让只会浪费双方的时间，因为司机是一定要让行人先走才肯行车的，司机摇下车窗很礼貌地向我挥手示意让我先行。

后来我发现，即使车速很快，在看到行人后，就算这个行人距离此路口还有 5 米、10 米，司机也会急刹车为行人让路，尽管这个时间他早就可以顺利驶过。"你可以放心地漫步在德国的每一条道路上"，一位德国朋友骄傲地这样说。

在超市中购物，有时忘记拿购物筐，抱着一堆东西排队总会有人主动让你先结账。若只买了一两件东西排队，前面的人见了也会友好地让你先付款。

● 热情善良的德国人

独居异国之人，总会感到孤独落寞，但德国人以其热情和善良深深感动了我，暖流时时涌溢。学校的领导和老师表现了极大的热忱，校长亲自带我去办理居留证和延签手续、购买网卡和电话卡，学校老师主动为我装有线电视，还有的拿出家里的电饭煲供我使用，邀请我去家里做客、喝咖啡、参加聚会，还有的老师主动打印自己的课程表邀请我去听课交流，而每一个班级的学生都用他们真诚的眼神、热烈的掌声对中国来的老师表示欢迎。

即使是路上的陌生人，也会对需要帮助的我主动伸出援手。看到我拿着地图辨认道路，会有人主动上前为我指路；向人询问道路，他

和德国学生在一起

们肯定会放下手头的事，细心为你讲解，而且周围的人也热情地帮忙。一次，在十字路口，拿着地图四处张望的我听到一辆汽车向我鸣笛，司机招手让我过去，知道我去的地方比较远，便主动驾车送我前往，本以为可能是司机顺路，但下车的我看到这辆车竟原路返回，原来司机真是不辞辛苦地送我一程，这种来自陌路之人的帮助让我真切感受到了德国人的热情和善良。

一位在德国的中国朋友问我是不是很怀念北京充沛的阳光，因为德国的天气是阴多晴少，但我感觉在德国永远不会缺少阳光：阳光般的笑容、阳光般的问候、阳光般的关怀，正像德国人告别时最愿说的"schoene Tag"——美好的一天。

轻松愉快的德国中学

联邦德国的教育体制有着自己鲜明的特色。

初等教育，即1～4年级共同的小学教育。在小学毕业时，或者最迟到第 6 年级结束时，学生要根据自己的成绩、特长、爱好以及学校和家长的意见，分流到三类不同的中学——普通中学、实科中学和文理中学。我所在的学校属于文理中学，学生在毕业时有申请进入大学深造的资格。

在宁静清洁的吉森小城，呼吸着清爽的空气，每天步入赫尔德中学，我都会时时感受新鲜的事物。

● 高素质的师资队伍

打开每位赫尔德中学老师的课表，我都惊奇地发现所有老师都是身兼两科甚至三科的。有的老师教德语和英语，有的教英语和历史，有的教数学和物理，有的教地理和政治，甚至还有老师教英语、计算机和音乐三科，而且都是跨年级教学，多数老师的周课时都是在 20 节以上。

对师范专业而言，这种学科交叉的特点对每位能够走上教学岗位的教师都提出了很高的要求，保证了教师队伍的高标准、高质量，同时这一特点又会促进教学上不同学科之间的交流和融合。因此，我们会看到历史课上教师借助电影音乐分析马丁·路德的思想发展历程，会看到地理课上老师从政治的角度解释某个国家贸易的特点……

看着每位老师将不同年级、不同学科的教学安排得井井有条，看着课堂上别致的教学设计，我不禁感慨这真是一支高素质的师资队伍。

● 贴近生活的课堂教学

走进五年级的德语课堂，学生们正在热情地介绍周六、周日的各种活动。有的介绍自己的魏玛之行，有的讲述自己的滑雪经历，有的还把周末的读书感悟与大家分享……

母语课堂不应只注重记、诵、写，也要提供给学生利用母语说话的充分机会。这种机会不应只是发表对文章主题思想、人物感情、艺术特点的分析，而是直接真切的生活感悟。

其实，翻看德语教材，这种有着浓郁生活气息的内容会"扑面而来"。

初中一年级德语教材第一课让学生向其他同学介绍新学校，写出自己认为重要的学校中的部门，并绘出方位图。有的同学写了秘书处、教师办公室，有的写了图书馆和食堂，有的则写厕所和医务室，并对其重要性发表了自己的理解。

参加威斯巴登的外语活动

而对高年级的学生，教材中则会出现怎样去申请某个工作岗位、怎样约会这样的内容。

很热闹的一节课是《观察动物　描述动物》，观察描述动物的任务让学生兴致盎然，除了养成观察生活的习惯外，也让学生学着用最准确生动的文字来介绍事物。

激发学生的阅读兴趣是母语教学的重要任务，德语教材真正将其落到实处，教材中专门有一课非常细致地教学生怎样去图书馆办理借阅证、找书、借书、读书，学生从中可以了解到最具体的细节，如办理借阅证需要父母的申请或学校的证明，找书可以按照分类、作者、书名等来进行，怎样在电脑上选书等。

语言应该是来源于生活并为生活服务的，希望德语母语教材的这个特点能给我们一些有益的启示。

● 丰富多彩的课外活动

好心的德国同事为了让独居异国的我不至于过于孤单，总是热情地通知和邀请我参加各种活动。

在吉森本地参观博物馆、画展等活动是各年级很常见的活动，几乎每位赫尔德中学的学生都非常熟悉吉森市的四所博物馆。当然学校也会组织很多其他活动来开阔学生的眼界、丰富他们的生活。因此他们有机会去法兰克福的"English Theater"看话剧，去马尔堡的影院看最新的大片，去汉诺威参观世界上最大的"电脑展"，去威斯巴登参加黑森州的外语表演活动，去科隆听音乐会……短假可以去郊外的农庄踏青消暑，长假则可以去国外旅游，学校每学期都会把组织去国外旅游的通知张贴出来，由学生自愿报名，北欧、南欧、东欧这种短距离的旅游是经济实惠的，但是现在不少学生对中国、美国、新加坡等国家产生了更浓厚的兴趣。

丰富多彩的各种活动让我度过了轻松愉快的两个学期，愉悦了心情，增长了见识。

● 独立自信的德国中学生

3月的德国依然一片冰天雪地，大巴车在点点雪花中经历了近4个小时的颠簸，终于来到了汉诺威。跟随着赫尔德中学的近50名师生，我也有幸参观了世界上最大的电脑展。刚进展会大厅，就见到人如潮涌，我真为负责这次活动的Inge老师捏了一把汗，因为随学生来

和校长及同事合影

参加这次活动的只有这一位老师。

发放了入场券、约好集合时间和地点之后，Inge 老师就和学生们轻松地说了"Byebye"。看着十七八岁、十一二岁的学生消失在人潮中，我心中充满了不放心，这八个小时，学生们会安全地度过吗？

下午 18:00 时，在集合地点看到了陆陆续续赶回来的学生，有的流连展会 8 个小时，有的则匆匆看完展会又拿着地图游览了汉诺威城，还有的在咖啡馆度过了悠闲的下午……

在以后的活动中，我又看到学生们自己举行了商业性的音乐剧表演，暑假去中餐厅打工学汉语，去特殊学校当义工……

在学生的成长过程中，我更多地看到了他们以自信的姿态展示着自己、塑造着自己。

巴黎游记

● 情留塞纳河

大巴车驶入巴黎，车上的人们顿时激动起来，涌向窗前，闪光灯此起彼伏。我的双眼已经不满意透过镜头去看这个美丽的城市。车徐徐停在埃菲尔铁塔下，虽然无数次在画中欣赏它，但仍有着仿佛毫无准备的惊喜，雨中的铁塔不仅有着画中的精致，更有着让人屏息的伟岸。冷风冷雨阻挡不住人们的热情，大家都拍照留念不愿离去。

当塞纳河游船在雨后的夕阳中缓缓驶出，我们才真正地感受着巴黎。刚才在埃菲尔铁塔下欢呼的我们仿佛是浅薄的看客，过早地预支了我们的心情，现在我才懂得静静地品味远远胜过惊叹雀跃的表白。

也许埃菲尔铁塔是巴黎的象征，但此时我坚信不张扬、不矫饰的塞纳河绝对是巴黎的灵魂。微波仿佛在为每一座古老的灰白色建筑注入灵气，在它的流动中，每一座建筑、每一座雕塑都在向你招手致意然后挥手告别，仿佛岁月的流逝、世事的变迁，即使你回头留恋，但它们岿然不动。塞纳河，你用你轻悠的步伐诠释着巴黎的多情，又昭示着岁月的无情。

布达佩斯广场

总听人说巴黎人过度地保护民族语言、盲目地排外，是如何地高傲，自己也见识到了这一点。法国人从不主动和你说英语，即使他坚信你对法语一无所知。但塞纳河却展现着别样地谦逊，低势的流水托起了两岸宏伟的建筑，默默地流淌承载着历史的沧桑——法国大革命的炮火、拿破仑的辉煌、路易十六的断头台……有了塞纳河，巴黎圣母院更加神秘，埃菲尔铁塔更加优雅，波旁宫更加宏伟，金色的亚历山大三世大桥才能像灯塔、像彩虹般矗立。

游船以最适宜的速度行驶着，两岸的景色如卷轴打开般呈现。倒映在水中的不是时尚之都的灯红酒绿，不是香榭丽舍大街的车水马龙，这里没有阿姆斯特丹的浮华，没有科隆大教堂的深重，清一色的灰白色建筑在早春微寒的清冽中、在夕阳的沐浴下以最洁净的身姿投入塞纳河的怀抱。这种颜色不透明却纤尘不染、如梦的薄纱让人挥之不去。

塞纳河，让我怎样才能赞美你呢？你还有着让人惊叹而不敢搅扰的优雅的美，有着宁可倾尽资财只为流连你身旁的妩媚的美，有着希望揽着爱人的腰泛舟河上的浪漫的美……

塞纳河，让我怎样记录你的美呢？文字太苍白无力，照片太矫饰凝滞，好吧，就用我的眼睛去记录你的粼粼波光，用我的耳朵去聆听你潺潺的水声……

● 黑人

临近巴黎，我们的大巴车停在一处加油站，当然像这样的加油站都有餐厅，人们下车休息用餐。当饥饿的我们细心品尝刚刚出锅的烤肠时，一个身穿浅蓝色工作衣、手拿扫把的高大的身影从身边走过。我定睛一看，是一个黑人。虽然在欧洲，黑人并不少见，但在这个餐厅里，这个清洁工是唯一的黑人。当我从洗手间出来准备离开时，又一次看到他，他正在添加洗手液。他也注意到了我对他的关注，但并未抬头，也许他已经习惯，但从他冷漠的嘴角我分明看到了忧郁、孤独。

在尽情地游览凡尔赛宫后，我们在酒店睡了一个好觉。第二天清晨下楼用餐，我选了一个角落的座位，但很快听到了碗盘声、水流声，原来我坐在了厨房的旁边。这时我才发现，从进门收饭票、摆餐具，到收拾桌子、出入厨房添加食物的所有的服务人员都是黑人，看到他们忙碌的身影和毫无表情的面孔，我又想到了昨天加油站的那个黑人。

今天的旅行有我们期待的埃菲尔铁塔、卢浮宫和凯旋门，每个人都激情昂扬，但导游"适时"地泼了一盆冷水，"大家要注意自己的背包和身边的黑人，黑人是天生的小偷。"而在埃菲尔铁塔周围兜售埃菲尔铁塔纪念品的小贩无一例外都是黑人，因此每一个游客们都流露出了警惕的目光。我身边有一位自己旅行又不懂英语的阿姨，让我帮她买纪念品，我很成功地从一欧元四个砍价到一欧元六个，黑人从大包里掏出三种颜色让我们挑选，而他不时地向四周张望，显得很不耐烦，这位阿姨终于挑好了六件，这时只见黑人揣起一欧元就疯狂地向远处跑去。我诧异之余，看到不远处另一个黑人小商贩被两个警察按倒在地时，才恍然大悟。

后来又在巴黎街头看到了扮成雕塑的黑人，看到了地下停车场指挥的黑人，看到了塞纳河畔冷风中泊船的黑人，看到了吊在高空中为大楼清洗玻璃的黑人，看到了繁华的老佛爷门前发广告的黑人，看到了香榭丽舍大街上翻垃圾桶的黑人……

对于巴黎这座时尚之都，虽然我只是一个匆匆过客，虽然我看到的只是一个个片段，但这些黑色的身影、这些漠然的面孔、这些被人提防而又时刻需要提防警察的黑人，就是不可否认的真实的巴黎。

感受那一缕独特的阳光

赵慧秀

赵慧秀，语文教师，2004年到北京师范大学附属中学工作，2010年8月至2011年7月在美国大使馆做中文教学工作。

2010年9月8日，我有幸作为北京师范大学附属中学第四任汉语教师走进了中国驻美使馆阳光学校。

这是海外中国孩子中文教育的一块特殊基地。如果说能够有机会同时浸染灿烂的中华文化和体验美国现代中小学教育的孩子们是幸运的，那么能够在一段时间内见证这群幸运孩子的成长对于一位教师来说无论如何也不能否认是一种幸福和神圣。

和美国当地华人开设的中文学校周末开课不同的是，阳光学校利用每天下午孩子从美国学校放学之后两个小时的课余时间进行中文教学。这既不同于我们国内的全中文环境下的母语教学，又有别于在海外的对外汉语教学，它的性质属于非母语环境下的母语教学。如何教授这些处于双语、双文化背景下，思维的文字载体已经逐渐由中文转向英文，且对中国历史与文化缺乏了解动力的孩子们，对我来说是一个不小的挑战，也是我接到任务后一直在不断思考和探索的一个问题。

首先，利用各种机会和条件充分调动学生学习中文的兴趣、信心，以使其形成主动学习的愿望，让孩子们真切沐浴在中国灿烂文化和深厚传统的阳光中。"玉不琢，不成器"等国学经典的诵读，"狐假虎威"等成语故事的理解和表演，"黄河远上白云间"等古典诗词的朗读和背诵，学生们感受到了中国文化的魅力。读书会、读书小明星的评比活

在阳光学校的课堂上

动有效地激发了孩子们阅读中文书籍的热情。利用中秋节、端午节、清明节、春节等传统节日的契机，让学生有意识地去做相关的调查，更真切地了解中国的传统文化。通过这些活动，有的孩子直接对我说，"老师，原来中文有这么多东西要学，中文不只是难写的汉字啊！"

其次，加强学生听、说、读、写综合能力的培养和训练。这些跟父母随任的孩子，在汉语的口语表达方面，日常生活中的会话是不成问题的，但说到朗读和书写却是问题多多。朗读中"短路"现象十分突出，颠倒读法普遍，书写时出现的错误，往往是我们在国内教学中很少碰到的。比如"压力"的"压"的一点跑到上边去了，句法结构全是英文式的。基于这种情况，我在教学中重点围绕培养阅读习惯、提高阅读能力来进行。我通过示范朗读并讲解技巧，鼓励学生实践模仿，要求学生做到清楚、流利、有感情，每次课前、课后安排"朗读小擂台"，让学生在相互对比和学习中提升朗读能力。通过一段时间的努力，学生深有感触地说，"中文读起来要比英文美多了"。在写作方面，随时随地让学生锻炼笔杆子，课堂上的续写、仿写等片段练习和日记、周记等篇章写作有机结合，一个学期下来，有不少同学整理出了个人中文作品集。

和阳光学校的孩子们在一起

再次，在教育教学上吸收融合美国的现代教学方法，启发孩子的思维，训练他们的动手、动口能力，以使孩子适应美国的教育环境和未来的教育目标。国内的基础教育水平是众口称赞的，孩子掌握知识的扎实程度令人惊叹不已。而美国的小学教育目标是比较现实化的，一般三年级以下是以教孩子认识社会，学习一些基本自然现象的知识，学习社交礼仪、行为规范、生活的基本技能、伙伴合作等社会和生活知识为主，书本知识的学习只是辅助的。一个在美国读一年级的学生告诉我，上学就是玩，二十六个英文字母一个学期下来还没有学完呢。从四年级开始，课本知识才逐渐多起来，而且所留的作业也多是调研报告之类的，有一个五年级的孩子有一次告诉我，他这个月的作业是写一篇题为《二十年之后的中美关系》的报告。美国的小学是没有统一课本的，教些什么、怎么教完全取决于老师个人的喜好。刚来阳光学校的孩子拿到人教版《小学语文》教材的那一刻都很吃惊地问我："老师，这是用来干什么的?"问得我也感到错愕。同样一个班的学生，根据其单词量和阅读水平的不同划分不同的级别，低级、中级、高级，每个级别中也相应地有一、二、三等之分，这样做的目的不是为了进行所谓的分层教学，而是被称为渐进阅读和渐进教学。因此孩子们根据自己的水平即便在同样一个集体中也可以各得所需，同时为自己设定不同的目标从而积极争取做到最好。我的中文班里的两个学生在美国当地学校是一个班级，可是因为他们来美国的时间不同，英文水平也不一样，所以在美国班级里是属于不同的水平的。另外，在美国的小学中，孩子每一个年级都要换不同的老师，完全不同于我们国内一般一个老师从一年级一直带到六年级，除非特殊情况，老师就固定在所教年级可以很多年不动，而学生是一拨又一拨流水似的。因此，谈起英文学校的老师，来美时间较长的孩子会扳起手指，"我想想，一年级的老师⋯⋯二年级的老师⋯⋯她们完全不同，很有意思。"

有鉴于此，在中文学校中，我一方面让孩子们了解目前国内同龄学生的学习现状，尽可能让他们牢固掌握基础知识和基本技能，适当

杨部长夫人视察阳光学校时，和部长夫人、北京市教委罗洁主任合影

增加检测和检查力度，以使他们逐步适应回国后高强度的训练；另一方面也采取灵活多变的教学策略和方法，让孩子们在轻松的动手实践中体会学习中文的乐趣。比如我们排演课本剧《美丽的小路》，撰写调查报告《我喜欢的中国传统节日》，改编歌曲《我的中国心》，自导自演歌舞《中华民谣》等。

在阳光学校的一年工作是辛苦的，但更是神圣的。在我个人的教学生涯中有着非同寻常的意义和价值。通过自己的努力，能够帮助在异国他乡的孩子们坚持学习祖国的语言和文化，能够培养他们对中华灿烂文化的持续的兴趣和热情，能够见证这样一群孩子在中美文化的碰撞和交融中健康成长并创造奇迹，我深感这份使命的崇高与伟大。

英国学校一日记

朱燕燕

朱燕燕，英语教师，2001 年到北京师范大学附属中学工作，2010年 9 月至 2011 年 7 月在英国做中文教学工作。

我所在的 Hove Park School 是一所公立综合中学，共设有两个校区，Valley 校区主要接收当地 7、8、9 年级的中学生，类似于国内的初中年级。这三个年级各有 10 个教学班，每班人数从 25 到 33 人不等，每个年级中各班的命名方法是以校名 Hove Park School 中的字母顺序依次编号。Nevill 校区是高中校区，设有 10、11、12、13 四个年级，共有在校学生 600 人。这所学校是外语特色校，因此比较偏重外语教学，开设了汉、西、德、意、日、法等外语课程。根据学生的语言学习程度和学校师资的配备情况，校方划分了外语快班（fast-track）和平行班（mix-ability）。在工作的一学年里，我对这所学校的一日生活尤其印象深刻。下面就分为几方面跟大家共享。

到校和晨读

英国的小孩子上学没有什么压力，不需要起早挂晚。每天早晨 8点半到校，直接进入行政班（form class）的教室，等班主任（form tutor）点名签到后，就可以进行自主阅读，有时班主任会提出热点问题组织小组进行讨论，但是大部分时间班主任会把时间留给学生自己支配。下午 3 点钟老师准点下课，学生不需要打扫卫生，老师也不可

沐浴在布莱顿码头早春的阳光下

随便留下学生训话，学校要求学生在 10 分钟内离开校园。大部分的行政班一般会配有两名导师（tutors），除去每周的年级集会时间，尽管每位老师一周只有两次机会见到学生，可是他们依旧很重视学生的行为和课业情况。在班级的晨读时间（C4L）里，老师们会仔细审阅学生们的记录本（students' planner），然后针对个人情况给出建议。20 分钟晨课后，学生们自觉依据课表，快速离开行政班教室，进入第一节课的教室。一天的学习生活就这样正式拉开了序幕。

一节大课

8:50 到 10:30 是 Hove Park school 学校的第一节课。可能由于这所学校学生的出勤情况不太好，因此两年前学校管理委员会才把课的时间改设成 100 分钟一节。这种 100 分钟的大课对学生和老师都是个挑战。从我的课堂观察看，高中学生一般没有什么问题，但是对于初中生来说，就不那么合适了。几乎每节课平行班的学生都会有违纪的现象。英国的老师们从来不会在课堂上对学生进行思想教育，因为英国有明确的儿童保护政策（children protection policy）。学校只能在政策允许的范围之内，制订相应的课堂纪律奖惩办法。在课堂教学中，老师们都会严格遵守学校的课堂管理办法，奖惩分明。一块小小的白板上，左边记录积极举手回答问题的学生姓名，右边记录违纪学生的姓名。惩罚归惩罚，老师们还是会借助智能白板等各种手段，结合学生的学习特点，组织开展各种丰富有趣的课堂互动游戏，以提高课堂教学的吸引力和实效。

步履匆匆的老师

10:30下了第一节课，学生会有25分钟的休息时间。这时候食堂会提供三明治、酸奶、水果和面包，教职员工和学生们都可以去食堂加餐。但是在高中有课的教师就没有时间去加餐了，有的需要一路小跑去主楼前等校车，有的是一边开车一边嚼点心，目的都是为了能按时到达下一个上课地点。虽然高中和初中校区之间不是很远，开车只需要8分钟，但是英国的老师们是从来不走路去另外一个校园的。原因是他们都提着大包小包上课，有的老师甚至还拉着皮箱。第一次见到这种情景，我还以为那位老师是要搬家呢。后来见得多了才明白，并且发现的确有必要。原因有三：一是两个校区的每个教室内都只有各种网口，却没有网线，如果任课教师想用音响、互联网、投影仪、智能白板等上课，就要自备各种接线，否则就会抓瞎。二是英国的学生一般没有固定的教材和练习册，老师们每堂课都需要自己准备上课用的学习和练习资料，甚至还要自带水笔、板擦和学生所需的备用文具等。三是英国教师的课都很多，每两周一个周期，满工作量的课时为40小时，不论是英国本土的英语老师，还是其他外语语言教师，都会跨年级上课，老师们有时间去办公室的机会很少，大部分都是在运动中，因此一天内上课的所用资料都需要随身携带。至于教师们的办公室就像家里的客厅加厨房的组合，里面没有办公桌，有的是沙发、饮水机、洗碗机、微波炉和冰箱等日用品，方便老师们使用。下课时如有时间，老师们一般会坐在一起聊聊天，吃点东西。至于批改作业，要么拿回家，要么等学生放学后，在教室判。有付出也会有回报，英国教师的工资和他们的工作强度一样比较高。尽管由于工作的地域和年限的不同工资会有一些差别，但是根据官网数据显示，英国新教师年薪一般约为 21500 英镑，中级在 31500 英镑左右。相对于其他职业而言，英国教师的工资还是不错的，而且学校都会和大部分教师签长期合同，老师们的工作稳定性极高。

清空的教学楼

12:35，第二节下课了，学生们蜂拥而出，去了礼堂。食堂里、校园的草坪上等一切教学楼外的场地都是学生们的就餐场所。而教学楼内的各个教室则全都关门上锁。此外，楼道内还有学生会（students' service）的老师在巡视，劝导没有及时离开教学楼的学生快速离开。像高中部的外语教学楼是一栋独立出来的建筑物，主管教师还会负责地把所有的入口门都锁上。刚来这里的时候，我特别不习惯。别看校园没有大门只有矮矮的栅栏门，只有周末上锁，但是教学楼内的所有入口，却通通上锁，有的还会使用电子门禁，就连教师的厕所也上锁。我是新来的，只有四把钥匙，而其他有储物柜的老师，就会有八九把学校的钥匙。这些缀在胸前的沉沉的钥匙，外加有照片的门禁卡，成了 Hove Park 学校女教师们的一条特别的项链；男老师们会把门禁卡挂在裤兜的外面，至于那么多钥匙，我猜可能是藏在衣兜里了。英国学生在教学楼里，见到老师一般不向老师问好，可能是下课后他们都需要匆忙离开教室的缘故。即使是寒冷腊月，学生们也不准在教学楼里停留，否则便会有老师来劝导离开。如果学生不愿意去礼堂、食堂，就只能去教学楼外面的草地上了。这反过来也促进了学生之间的交流。我发现学校里的很多社团成员，午餐的时间就会聚在一起，每个团体大多由 7~10 名学生组成，有男生有女生，一有机会大家就会围坐在一起吃东西，聊天等。

教师的午餐

中午，学生都被请到教学楼外面去了，老师们都在做什么呢？12:35，英国老师上完了上午的课程，然后就匆匆忙忙赶往下午第一节要上课的教室进行准备(set up)。在连好电脑网线调出学生的座次表之前，老师们是没有闲心吃饭的。连接相关的设备就要用去一些时间，外加学校的网速太慢，公用内存空间太小，老师们的电脑多数年头不短，因此老师们从启动到调出自己的账号、用各自的密码登录成功就需要 7～10 分钟，这还不算电脑故障以及寻找各种不熟悉的网络资源等情况。调出学生的座次表后，老师们终于可以享用自备的三明治了。如果时间允许，还可以去办公室冲杯咖啡。英国老师们中午大多不去食堂就餐，一是午餐的时间只有 40 分钟，减去准备电脑、分发本子、布置课桌椅的时间，就只有 20 分钟了。此外，英国人吃热饭都需要刀叉，还要注意餐桌礼仪，学生和教师的食堂又不独立，怕有损淑女绅士形象，因此他们一般都从家里自备三明治，或者去食堂买个三明治，或者买个法国 baguette(法国长条面包夹一些鸡肉、蔬菜、沙拉酱之类的)。即使吃热餐，也简单得很，一个大土豆，一勺西红柿黄豆酱，就解决问题了。英国老师多数会在办公室就餐，这一方面可以维护教师的形象，另一方面办公室里有饮水区和卫生间，比较容易解决个人问题。吃完后，老师们会自觉把碟子和刀叉放入洗碗机内。

必签的考勤

下午的课从 1:20 开始，学校会提前 5 分钟打预备铃，提醒学生进入教学楼，寻找各自的教室。教师至少需要提前 10 分钟进入授课教室准备，即调好电脑，进入校园网络，打开课件，调出座次表，排好课桌椅，分发学生笔记本，在白板上写好日期和教学目标。学生听到上课铃响后，在教室外面需要列队安静等候，然后在老师的准许下，依次进入。老师会要求学生摘掉围脖脱下罩衫，露出校服，拿出笔，在本子上抄好教学目标和日期，还会在学生的课桌上放一些热身练习题（starter），目的是复习上节课的学习内容，以及等候晚一些到来的学生。上课5分钟后，老师会用自己的姓名和密码，登录学校的学校信息管理系统（SIMS），点学生的名字，老师一边在电脑上记录，一边用所教授的语言问候学生。15分钟后如果该科老师的点名信息没有进入学校的信息管理系统，就会有学生巡逻员拿黄色的未签到的通知单到该教室，提醒任课教师进行签到。学校有一名教师专门负责学生每堂课的出勤检查。这些常规信息处理完了之后，老师才会讲授新课。

指导学生绘制中国龙

活动多样的外语课

由于英国孩子的学习压力不大，孩子上课开小差是常有的事。有经验的老师课上都会千方百计地组织多样的活动调动学生的学习积极性。老师们用得最多的就是白板交互游戏——如将白板分成两栏，左边是意大利语的单词，右面是顺序混乱的英语翻译。全班分成两个大组，两组之间互相竞赛，学生们共同合作，下座位动手点白板右边上的翻译，把信息拖到左边的对应的意大利文旁边，所有的词全部配好对后，点确认键，看哪个组的正确率高，耗时短。这个游戏不仅可以使学生趁机下座位活动腿脚，还培养了同学们的合作精神。除此之外，外语老师常组织学生做的另外一个游戏是"Hot and cold"—— 老师在教授了一个新词句后，某个学生就会充当猎人，站在教室外面等待，教师把一个毛绒小熊迅速地交给某个学生藏好，外面的"猎人"进屋寻找猎物"小熊"，其他学生发现猎人离猎物远时，重复这句话的语速就会变慢，音量就会变低；当猎人接近猎物时，其他学生说这句话就会变快、变响。老师通过该游戏，调动了全体学生的积极性，帮助学生们快速掌握新学的词句。

有的老师还喜欢组织学生玩"hangman"游戏——在学习完新词后，老师画出地平线，选出一个新词记在脑海里，让学生们猜新词的构成字母，每个单词学生会有六次机会。如果第一次猜不中，就会出现吊绳，如果六次之后，还没有猜出这个词的话，代表学生的小人就会被吊死。每当学生们玩这个游戏时都无比激动，争先恐后地猜测老师选中的单词，当有学生猜中了老师给出的单词后，他就晋升为老师，从而具有给其他学生出题的权力。

此外，耳语（whisper）游戏也颇受学生欢迎，该游戏的主要目的是训练学生的听力和口语。根据班级人数分成4～6个大组，保证每组的人数相等，且学生以方桌前后成直线的方式就座。教师先为每组准备一句话，然后请该组内学习程度较好的学生来当信使，快速记下这句话后，然后老师给出"开始"指令，每个组的学生逐次传递信息，最后看哪组的用时短，正确率高。如此多样的外语课，让我耳目一新，真希望我们的外语课堂也如此的兴趣盎然。

家庭作业和兴趣小组

下午3:00，学生终于完成了一天的学习任务，他们的笔记本大多数情况下是不需要带回家的。每班教室里都会有固定放笔记本的红盒子，上面清晰地标注着课程和班级名称。老师们会在下课前，要求学生把当堂课的要点记录清楚，然后在学生手册上记录好本节课的作业。学生们不把笔记本带回家方便了课程管理部门的检查，也方便了老师课下查阅了解学生的课堂听讲情况。英国学生一般没有家庭作业。我在一个 7 年级学生的家里住了两个月，只见他写过一次数学作业，一次法语作业，这在中国很难想象！英国学生的大部分时间都用在课外活动的学习上。每天都有各种不同的兴趣小组，一般学校开设多少科目，就会有多少个兴趣小组，甚至还有作业兴趣小组。一次小组活动一般在 45～60 分钟之间。学生无须为课外小组的授课付费，但是需要付学习资料费，如食品俱乐部（food club）的学生每次用的食材，老师事先会估算一个比较低的价格告诉学生，学生在开课的当天交费。上完课后，学生可以把制成的成品带回家与家人一起分享。每次看到学生拿着烤好的蛋糕、煮好的水饺、酿好的豆肉丸子心满意足地离开，让人很是欣慰。我就想我们的选修课是否也可以做一点创新，例如开个中华美食课，这将会大大增强学生的生活技能，对学生的全面成长将会有更好的促进作用。

滞留制度

英国老师是不能强制学生留下来补课的，如果老师要罚学生留下（detention）的话，任课教师就需要事先写报告（report）汇报给学校的专门家长联系人，然后以校方的名义告知家长，获得家长的理解和支持，老师在午饭时间或者放学后才可以留学生，一般 10～20 分钟不等，主要是给学生以威慑，告诫其下次不要违纪。但是学生被留的次数多了，这招也就不管用了。比如 9 年级的一例违纪事件，一名女学生上课时不仅不听讲，还拿出口红化妆，这还不算，她还把手机拿出来听音乐。根据学校的课堂纪律处理措施，她需要被清退出教室，但是老师还是本着严格遵守学校的三级课堂管理措施的原则。先从 C1

开始——给她口头警告。该生不改，还跟老师顶嘴，说老师故意找茬。老师没有办法，对其实行 C2 级处置——填写课堂违纪记录表，等下课时向家长反映情况。可是该生依旧我行我素，不理睬老师，在老师给她 C3 级别处理之前，她自己收拾书包扬长而去。该生很明白学校的三级课堂管理措施，在老师清退她之前，她自觉把自己清退(park)了。从该生身上，我算是领教了英国公立学校学生的课堂纪律了，那混乱 (disruptive)是超乎我的意料的。在国内，这可是对老师的极大不尊重，但该教师课堂上表现得很镇定，继续上课。课后，她在学生电子系统上，详细记录下该生的情况，并向年级组长(year leader)说明了情况，寻求家长和资深教师(senior teacher)的支持。英国老师们的确给了学生足够的尊重和理解，真让人感叹他们的这种容忍与坚持！

在英国，很难见到老师对学生明确的德育教育。在这种宽松的环境下，老师更多的是费尽心思来吸引学生。从教室墙面丰富多彩的布置、课上奖励小贴画、课下奖励糖果，到向家长发表扬短信等，目的都在于最大限度地吸引学生的注意力，增强学生的学习兴趣。话又说回来，虽然这种教育有不足，但是也有自己优点。在严格的管教下，我们的课堂纪律虽然井然有序，但是学生的创新思维和自主意识却受到了限制。这就像总是要求沿一条路回家，习惯了就不会想着选择别的路了，即使还有更便捷的路可走。

日子过得好快，转眼间归国的日子就要到了，忽然觉得自己好像还没有感受到英国教育的先进性。英国的教育产业产值已占其国民生产总值的很大部分了，那种渗透到英国人骨髓中的多元文化教育，我还未有深入的体会，也许是在公立学校吧。初步的感觉是：英国的教育有特色、有优点、有区别！

德国风情

李 梦

李梦，对外汉语教师，2009 年到北京师范大学附属中学工作，2010 年 10 月至 2011 年 7 月在德国做中文教学工作。

2010 年 10 月，在霜叶红于二月花的深秋时节，我暂别美丽的附中，来到了静谧的德国小城吉森，开始了在赫尔德文理中学为期 8 个月的学习和工作。8 个月的时光虽然很短暂，但是留给我的却是一生难忘的经历和美好回忆。

在赫尔德中学工作和学习

● 德国的学制

德国的基础教育需要花费的时间是 9～13 年：小学 4 年，中学分为 5 年制、6 年制和 9 年制。其中第 1 年到第 9 年跟中国一样，属于 9 年义务教育。到了 4 年级，每个学生和他们的家长就会根据学生的兴趣爱好决定今后的教育方向。中学的第 1、2 年级是一个试验期，通过这两年的学习，决定学生最终将接受哪种形式的教育。吉森市的赫尔德中学属于 9 年制的 Gymnasium（高级文理中学），这种学校被称为是培养未来大学生的学校。学生学习期满，成绩合格，可拿到 Abitur（中学考试文凭）并凭此进入大学或其他高等教育机构学习，上什么大学什么系需要看学生的 Abitur 成绩（相当于国内的高考成绩）。

德国中世纪小宫殿

● 德国的课程改革

近年来，为使本国教育事业适应新世纪的发展要求，德国对起举足轻重作用的文理中学开展了新一轮的课程改革。改革后的文理中学将防止过早专业化，加宽对学生的普通教育：把"德语、数学、英语"作为所有学生必修的核心学科，而不是原来允许学生只在其中选修一门；加重自然科学课程，今后每位学生至少必须选择两门自然科学，而过去选修一门即可；在这一基础上，允许学生选择自己的特长课程、倾向课程和兴趣课程，使每一个学生的特长都能得到充分发展。

在学制方面，拜仁州和巴登—符腾堡州已经率先提倡将 5 至 13 年级的 9 年学制改为 5 至 12 年级的 8 年学制。赫尔德中学的教学主管 Herr Tross 先生告诉我，预计在两年内赫尔德中学将全面实现从 9 年学制到 8 年学制的转变。

● 德国的课程设置

德国的 Gymnasium（文理中学）有很多 AG（选修课），因为德国中学是半天制的，上午的课程大部分都是必修课，下午基本是选修课，因此学生可以根据自己的兴趣爱好在下午上选修课。

赫尔德中学的学生告诉我，从 6 年级开始学生必须选一门英语以外的外语作为选修（例如汉语、法语、西班牙语等），8 年级学生就可以选择各种自己感兴趣的选修课，到 10 年级之后就可以不再上选修课了（当然大部分学生和家长还是会选择一些选修课继续学习）。由此可见德国的课程设置让学生有很大的自主选择性，也给了学生充裕的课余时间发展自身的专长和兴趣。

目前赫尔德中学开设的课程一共有 22 科，分为必修和选修两大类。其中必修课有 17 门：德语、英语、法语、拉丁语（或西班牙语）、数学、物理、化学、生物、地理、政治、经济、音乐、艺术、历史、体育、伦理、宗教；选修课有 5 门：汉语、信息、生物化学（Bio-Chemie）、生物体育（Bio-Sport）、数学物理（Mathematik-Physik）。

● 赫尔德中学的教师与学生

赫尔德中学有约 1600 名学生和 40 名在编教师，一共有 9 个年级（5～13 年级）。学生没有统一的校服，也没有固定的教室，所以每上完一节课，学生们都要背着书包匆匆忙忙赶赴下一节课的教室。赫尔德中学的教师数量虽然不多，但是教师的专业素养和综合素质都很高，大部分教师都有硕士以上学历，而且每一位在编教师每周都要教满 26 个课时，并承担着两到三科的教学任务。

赫尔德中学在 9 年级和 10 年级开设社会实践课，约有一个月的时间由学生自己出去实习。学生可以自由选择自己感兴趣的工作进行社会实践，实习结束时由实习单位给学生写出真实的实习鉴定。

学校每学期都会安排校外活动课或旅行课。校外活动课一般由老师带队，花一天时间进行郊游活动或到各类展览馆参观，例如组织学生参观吉森歌剧院、法兰克福博物馆；旅行课是由学校组织的大约一周的远足活动，比如滑雪、爬山等。

学生们的课业负担比较轻，每一学科的成绩组成跟中国一样，分平时成绩和期末成绩，平时成绩占 60%，期末成绩占 40%。有一次上中文课讲到"学习忙"这个词组的时候，我顺便做了一个调查统计：全班 23 名学生，每天放学后回到家里学习 2 小时及以上的同学只有 2 名，学习 1～2 小时的学生有 12 名，而其余的 9 名同学则很坦白地告诉我除非考试前，否则平时回家根本不会打开书包学习。

在与赫尔德中学的学生接触过程中，我发现他们都是很有个性的孩子，真诚，不客套，能勇敢而直接地准确表达自己的思想，而且他们的求知欲和好奇心极强，每次我进入他们的课堂旁听，都会有许多可爱的学生一次又一次举手向我提问，问题也千奇百怪："中国人真的吃狗肉吗？""中国有 schweineshaxe（猪蹄膀）吗？""李老师你可以教我们写汉字的一二三吗？"……每次提问环节都会令我忍俊不禁。

在赫尔德中学工作的大半年，给我的突出印象是——老师们教得轻松，学生们学得轻松！老师们教学的内容丰富多彩，知识传授的方法也灵活多样，布置的作业更是带有很强的研究性，能激发学生的学习兴趣和探究热情。

● 赫尔德中学课堂实录节选

在赫尔德中学工作的日子里，除了每周上汉语课以外，我还旁听了许多其他科目的课，例如德语、英语、音乐、美术、历史、伦理、数学、物理等，不仅提高了我的德语水平，还学到了许多德国中学的教育理念和教学方法。下面是我关于 Frau Reich 老师给 11 年级（相当于中国的高一年级）学生上德语课的日记。

2011 年 1 月 10 日　　　　星期一　　　　晴

这堂德语课并没有教科书，Reich 老师的开场白就是送给学生们的新年祝福和对学生们在新学期的殷殷期望，接着就是亲切地问候大家如何度过热闹的圣诞和新年，一下子便拉近了师生间的距离，整个教室充满了欢乐的笑声。

这时班里来了两位新学生，一位是新转学来的学生 Laura，另一位是刚刚从美国交换半年归来的学生 Lena。Reich 老师先是请转学来的 Laura 做一个自我介绍，包括性格、爱好、体育特长等；接着请从美国交换归来的 Lena 详细地向大家讲述一下自己在美国的经历、感受，以及通过这半年在美国学习对美国教育的看法，并且询问了学生关于德国和美国在教育方式上的差别等。

接着 Reich 老师开始检查作业。上一次的作业是让大家写一首小诗，Reich 老师希望大家能勇敢地站起来并大声地、富有感情地朗读自己的作品。大家的表现十分积极踊跃，几乎都举起了手。于是，一位又一位学生捧着笔记本，声情并茂地向大家展示自己写的小诗。当诗歌的氛围略带忧伤时，大家都沉默不语，深深沉浸在作品渲染的气氛中；当遇到语言诙谐幽默或是调侃身边生活的诗歌时，同学们又不禁捧腹大笑，连 Reich 老师也笑声连连……

每当一位学生阅读完自己的作品，Reich 老师并不急于对作品发表评价，而是邀请班上的学生说出自己对作品的看法并指出作品的优点。由此可见，鼓励教学的理念在德国的课堂教学过程中贯彻得十分深入。

点评完同学们的作品，Reich 老师向大家推荐了一本书，除了阐述自己对这本书的读后感以外，还在黑板上写下了书名、作者、价钱、刊号、出版社以及学校附近可以买到此书的书店名称。

剩下的半个小时，Reich 老师拿出自己精心准备的一本画报，画报是关于 2010 年的年度大事记，包括上海世博会、南非世界杯、海地大地震、电影《阿凡达》等。每翻到一件大事，Reich 老师就请大家真实地表达自己对事件的看法和事件留给自己的启示。

最后 Reich 老师请大家闭目一分钟，衷心祈愿 2011 年世界和平，不再有战争和灾难……

在一旁的我深受触动，这是怎样一种启发又开放的教育方式啊！一堂母语课，却并没有拘泥于语法的讲授或是作品的解读，而是层层递进，从日常生活的闲话家常，到赏析每个学生自己的创作，再到好书美文推荐，最后又把视野扩大到全世界，在引导学生关注各国大事的同时，启发学生对事件、对人生的思考，并唤起每一位学生对世界和平、人生幸福的美好祈愿……这不就是从智育到德育的真正内涵吗？

● 赫尔德中学中文课情况

赫尔德中学从 8 到 12 年级，约有 70 名学生选修了中文课，分 6 个教学班。除了围绕教学大纲和进度教授汉语以外，我和赫尔德中学的两位汉语老师——来自台湾的姚老师和来自湖州的孟老师，努力地在课堂上组织各种中国文化活动，希望能在教授汉语的同时，更多更全面地把中国悠久璀璨的传统文化呈现在德国学生的面前。

书法课，学生们先是拿着精美的墨块在砚台上细细地研磨，然后拿着蘸好墨水的毛笔一次次地模仿我的握笔姿势和下笔动作，最后才在纸上写下"春""福"等吉祥如意的大字。

国画课，学生们一边拿着事先发下去的梅、兰、竹、菊图，一边用毛笔轻轻地在报纸上一遍又一遍地临摹国画的画法，直到报纸已经画满了"姿态万千"的"梅""兰""竹""菊"，方才蹑手蹑脚地在白纸上开始他们的国画"处女作"。

大年三十，我给学生们上了"中国烹饪课"——包饺子。从剁馅儿、拌馅儿到和面、擀皮儿，全部由学生们和我一起完成，就连平时上课打瞌睡的男学生也精神倍儿棒地左右张罗，大展拳脚。最后在大家的共同努力下，一共包了五十多个饺子，学生们丝毫不吝啬自己的劳动果实，送了一些给 Herr Gath 校长，然后每个人捧着三四个饺子回家去品尝。

电影观赏课，在我的简略介绍之后，学生们开始津津有味地观赏《喜羊羊与灰太狼》。虽然语言对于他们来说还是偏难，但是他们连猜带蒙居然也都明白了这部动画片的主要内容和人物关系，并且告诉我："Frau Li，dasCartoon ist sehr interessant."（李老师，这个卡通很有意思）

剪纸课，每个学生都拿着尺子和铅笔，仔细地临摹我写在黑板上的"喜"字，然后拿着剪刀小心翼翼地沿着字的边沿一点一点地剪着。一丝不苟的态度令我欣慰不已，也深深体会到身为一名文化使者所肩负的责任。

德国风情

● 环境清幽

德国留给我的第一个美好印象是环境——德国的街道是那么的干

净整洁，除了些许静静飘落的树叶，几乎没有一点人为的垃圾；德国的空气质量也很高，深呼吸一下，就能嗅出大自然清新的泥土气息；一出太阳便一定能见到湛蓝湛蓝的天空，让人的心情也无比舒畅。打开小窗，听到的不是人声鼎沸，也不是川流不息的车辆声，迎接你的是那阵阵悦耳的鸟鸣和清风拂过树叶的沙沙声。尤其是周日，漫步在空无一人的街道，伴随在身旁的只有地上活蹦乱跳的小鸽子，那份安逸祥和的氛围，实在是令人陶醉……

● 建筑精美

对于初到德国的我来说，印象最深的应是德国的建筑了，尤其是德国传统的木架构房子：尖尖的屋顶，底部采用砖石，楼层全都采用木架构。最有特色的是所有的木构件都露在外面，并用不同于外墙颜色的油漆粉刷，颜色对比度和视觉冲击力都异常强烈。小楼上面有阁楼，还常常有圆形或八角形的小阳台凸出在底层之外，彰显出建筑物整体的立体美感。

童话之城——卡塞尔宫殿

德国的建筑大部分都是哥特式风格，尤其是教堂：造型挺拔的尖塔，轻盈剔透的飞扶壁以及彩色玻璃镶嵌的修长花窗。我每到一个城市，都一定要去"瞻仰"一下当地的老教堂。往往一个城市的大教堂，就是一个城市杰出的象征。

● 交通发达

德国的交通非常发达，并不是说汽车保有量大，而是德国的各类交通运输都规划得非常便利，秩序井然。

德国的火车技术世界闻名，其 ICE(城际特快)就如同我国的和谐号动车，速度极快，不仅穿梭于德国各大城市之间，甚至可以抵达法国、奥地利、瑞士等周边国家。德国的火车站是全开放式的，没有人检票，有时候甚至到了目的地也没有工作人员来查票。由此可见，德国是一个诚信至上的国家，几乎没有人故意逃票。

德国道路的交通事故发生率很低，不仅因为汽车司机之间互相礼让，更重要的是司机永远遵守行人优先的法则。只要看到前方有行人，司机就会立刻刹车减速。而德国的行人也十分遵守交通规则，永远红灯停、绿灯行，充分地展示了德国人对规则的尊重和严格遵守。

德国的公交车很有特色，都是按时按点到站。在公交车上大家互相礼让，如果有坐着轮椅的残疾人，那么一定会有好心人帮忙放下车门附近的连接板，方便轮椅或婴儿车直接推上来。德国的公交车白天没有人查票，完全靠自觉和诚信。

德国有许多自行车爱好者，道路上也有专用的自行车道，用红色的塑胶标志出来。每一辆自行车都有专门的自行车灯，晚上骑车必须开灯。多数人骑车时会戴防护帽，而且有所有自行车都不可以载人的规定。自行车还可以被带上公交车和火车，这样一下车就可以骑着爱车任意驰骋，这实在是非常人性化的考虑。

● 厉行环保

根据我在报纸上看到的一份民意调查，德国人的环保意识非常强，把保护环境视为仅次于就业和打击刑事犯罪的国内第三大问题。

初到德国的我发现，每户德国居民住宅门前一般都有四只色彩鲜明的垃圾桶：黄桶收纳废弃金属、包装盒和塑料；蓝桶和黑桶分别"吞食"废纸和普通垃圾；垃圾桶家族新成员"绿桶"专门收集菜叶和蛋皮等生物垃圾。收纳玻璃瓶的垃圾桶也是分类很细，要根据玻璃瓶的颜色选择"白色玻璃""绿色玻璃"或"褐色玻璃"的垃圾桶。

我曾经问当地德国人，倘若不小心将垃圾扔错了桶怎么办？德国人很严肃地回答我："那么对不起，你的邻居会敲你的门'教育'你的。"

在德国，所有的塑料瓶都是循环利用的，每买一瓶饮料，都要多支付 0.25 欧(约合人民币 2.5 元)的瓶子费，喝完之后把瓶子放入超市内专门回收空瓶的机器，就可以凭还瓶券在柜台领取现金或在超市消费使用。

由于德国纬度较高，需要供暖的时间很长。特别让我感慨的是，德国人出门前必定会把屋内的暖气调到最低，哪怕回家的时候屋内比较寒冷。他们这样做并不是为了省暖气费，而是认为人不在屋内却烧着暖气，那是十分不环保的行为。

● 社会和谐

享有"欧洲经济发动机"美誉的德国是个名副其实的富人国度，但是德国贫富差距并不明显，几乎各个阶层的人民都能安居乐业。德国的劳动法规定，每小时最低薪酬为 6 欧(约合 60 元人民币)。德国人告诉我，在德国各个阶层的人们只要辛勤工作，都能在几年之内住上自己的房子，开上自己的车子。即使是失业，政府也会给予每个月 500 欧(约合 5000 元人民币)的失业救助金，完全能够满足基本的生活需求。走在大街上或公园里，即使是彼此不认识的人相遇时都会友好地说一声"Hallo"(即英语的 Hello)并微笑点点头，这使人的心也变得温暖而舒畅。因此德国给我的整体感觉是，社会和谐安定，人与人之间的关系非常友善而平等。

● 爱读书的民族

梁晓声曾经说过："文明一定不是要刻意做给别人看的一件事情。它应该首先成为使自己愉快并且自然而然的一件事情。"在德国的这一段时光，德国人的文明和高素质给我留下了深刻的印象。

德国人很喜欢看书，乘坐公交车或火车出行，总能看到车上有许许多多手捧厚书的人。甚至在赫尔德中学，每逢课间，都会有许多学生从书包里拿出课外书细细品读，甚至在课上当孩子们回答希望收到什么样的圣诞礼物时，有许多孩子都会毫不犹豫地选择书！当我和一个德国朋友谈及此事，那位德国朋友自豪地说："这是当然的，我们习惯在书包里放一本书随时阅读！"

这深深触动了我，纵观世界各国，凡是崇尚读书的民族，大多是生命力顽强的民族。这也就不难解释何以在经历了"一战""二战"的重挫之后，德国还能在短短几十年内再次跃居欧洲经济的龙头。读书，的确可以让一个民族变得优秀、坚强。

临别感言

对于第一次出国的我来说，这近一年的时光实在是对我的极大磨炼。从刚开始那个上街买东西迷路、在洗澡房双脚踩着洗被子、一出门就变成"哑巴"、夜晚孤单得偷偷哭鼻子的我，到现在脑中装着吉森地图、公交线路脱口而出、跟德国人能简单对话并交了许多朋友的我，细细想来，在德国的这段岁月真的让我收获了许多许多。

在赫尔德中学工作的这段时光，不仅让我积累了对外汉语教学的经验，提高了我的教学能力，还让我体味到许多先进的教学理念和授课方法，教会我如何在教学中潜移默化地培养学生的情操，使教学由认知领域拓展到生命全域。

近一年的德国之行像是一部成长励志剧，剧中有艰辛，有孤独，但也有美景，有丰收。

深藏心中的那份精彩和体悟将永远伴随着我，照亮我今后漫长的人生路。

沐浴加州阳光

胡 莹

胡莹，政治高级教师，2003 年到北京师范大学附属中学工作，2011 年 1 月 3 日至 2011 年 1 月 31 日在美国研究学习。

北京时间 2011 年 1 月 3 日至 1 月 31 日，我有幸参加了西城区教委组织的西城区(南区)中学专家型教师研修班的赴美研修活动，在美国加州富乐敦大学学习了一些美国教育理念、教育教学方式方法，去橙县一些中小学实地参观，收获颇丰。

加州印象

● 巧遇校长

我们 1 月 3 日乘 CA983 航班到美国洛杉矶，第一次飞出国门，第一次坐这么远的飞机，心情既紧张，又激动，还有些无助，虽然我们研修班有 16 位同学，此行还有教委两位领导，但大家都不熟悉，聊得也少，好在我和周亚一起，多少有些安慰。但让我觉得此次美国之行不再有顾虑的是，我们在北京机场碰到了刘沪校长一行，他们竟然和我们一个航班，真是有点小说的意境。我们在托运行李时，先是碰到了两位主任，之后在候机室见到了校长和其他老师，之前我们已在偌大的空荡荡的候机室转了一大圈，没见到多少面孔，心里难免空落落的，在这儿遇见这么亲近的人，真是发自内心的兴奋，校长问了我们一些情况，叮嘱我们出去多看多想，好似家长给孩子临行前的嘱托。

校长和教委领导寒暄之后，和大家合了影，并成为后来我们汇报时最稀缺的影像资料，真是巧中又巧。

研修团赴美前在首都机场与刘沪校长合影

● 初到加州

经过 12 个小时的颠簸，飞过 10000 千米路程，我们终于到了洛杉矶机场，见到的、听到的大多都是外国人、外国语，有些兴奋。在安检的过程中，只觉得走了好多弯弯，终于到了门口，很普通，似乎中国也是这样，我们真的到了美国了吗？有些疑惑，除了觉得飞了这么长时间应该飞到了国外，实在对这里没有特别的感觉。然后跟校长一行告别，等齐了我们的人，坐上了一辆中巴，见到了导游兼司机，还有大学的接待老师，仍然没有美国的感觉。等我们出机场，已是夜幕垂垂，昏黄的灯光照着街边和行人，真是没有什么不一样，记忆中仍挥之不去的是我们在一个立交桥底下上的车，感觉很破，真不像世界上最发达的国家的国际机场的周边。在去宾馆的路上，仍旧是昏黄的灯光，而且灯很小，路上车辆也不多，黑黝黝的山丘连绵起伏，来之前有人告诉我们冬天的加州只需要一件衬衣加一件外套足够了，但那时我们穿着羽绒服仍感觉很冷，对美国这个国际影响最大的国家、对这个人们趋之若鹜的国度，我的第一印象真是不咋地。

● 加州的气息

在美国的第一夜，我只睡了三四个小时，可能是时差的原因。第二天，阳光透过厚重的窗帘的缝隙，给黑暗的房间带来黎明的召唤，虽然睡得不好，但还是很兴奋。打开窗帘，推开阳台门，阳光的味道真是香醇，明媚的空中点缀着朵朵白云，不远处的山分明是春意融融中的翠绿，伸个懒腰，深呼口气，真的很温暖而清爽。9点整，司机兼导游准时来接我们，他叫Jeffrey（他昨天自我介绍时说，如果不好记，可以直接叫他姐夫），50岁左右的样子，个子不高，但很风趣幽默，之后的旅程中，经常制造一些笑料，让我们开怀大笑，成为我们美国之旅不会忘记的记忆。第一次来美国的大学，还是有很多好奇之处，"姐夫"似乎知道我们的困惑，向我们解释，美国大学没有校门，学校的标志仅仅是很矮的那个写着校名的石墩，这和中国的严格区分内外的隔离不同，美国的自由开放体现在方方面面。

进入大学第一项活动内容就是游览校园。各学院的建筑掩映在绿树繁花当中，很有学院派的风格，我没有去过美国其他大学，不知道美国大学是否都有这种人与自然的悠然和谐，但是此时此地让我颠覆了昨天对美国"平平"的第一印象，我喜欢上了这里，喜欢这里的味道。苍白的言语似乎不能言表我的感受，但是这里有香草的味道、阳光的味道、健康的味道，更重要的是自由的味道。健壮的树或一排排或几棵抑或只有一颗挺拔在我们的面前，有的树好高好大，直直地伸展在广阔的空间，它不会因为高楼建筑的挤压弯曲地生长，不会因为人们的攀爬折断了树枝，这里的树是自由的，它想怎样长就怎样长，那么的随性，那么的率直。

在此后的日子里，我们时时刻刻都能体会到加州的味道，自由而不失条理，凉爽而不失温暖，风扬而不失晴朗……

● 加州人文

　　十几分钟的车程，我们就从酒店 Holiday inn 到了 Fullerton 大学，路上虽然车不少，但是一点不堵，和北京的交通拥挤有天壤之别，即使碰上堵车，也是慢慢向前开，大家很有秩序在等待中前行，也听不见聒噪的汽车鸣笛，这让我们很震惊。我们说我们的民族是礼仪之邦，但是在一些细节小事上却做得让人很不满意，如行车乱按喇叭、乱停车，甚至不顾行人安危横冲直撞。在美国，永远是行人优先，刚开始我们不习惯，看到车过来，总是先停下来让车先过，但每每最后都是我们先行。

　　加州紧邻墨西哥，所以加州的墨西哥人很多，街边经常可见墨西哥餐馆，我们还去过墨西哥超市，印象比较深的是超市卖的肉，都是很大一块，少说也有三四斤啊，看来墨西哥人特别喜欢吃肉，而且食量不小。"姐夫"告诉我们很多人文知识，例如：旧车市场集中的地方，就是墨西哥人多的地方，墨西哥人比较好玩，没有未来计划，有钱了买车，没钱了卖车，因此可以通过旧车市场推断居住氛围；房子上插个小旗帜，说明这栋房子要出租；车道黄线是说，如果一辆车乘有两个及以上人，可以专享黄线内车道，但出口是明确的，不能随意转道，这既是给拼车环保的奖励，也给予规范以保证更多人的自由；好学区房子很贵，100 多万美元，一般学区一栋房子仅仅三四十万美元，差距还是不小的；等等。"姐夫"自谦说自己小时候不爱学习，但从他给我们的介绍和讲述中，我们能体会到他学到、用到的真心和细心。

加州精神——于细节处见根基

　　在培训过程中，有教授给我们讲了加州的教育概况，讲的内容基本上我们在《走进美国教育》和《美国教育 360°》上都能看到，但她提到一个现象，引起了我的反思，她说法庭可以影响学校教育，意思是：如果家长觉得孩子在学校受到不公正的待遇，可以将学校上诉到法庭，由法庭根据公平、公正的原则裁决，而此判决可能影响学校去改进或转变自身的教育管理和教育策略。老师还提到，这种通过法律途径解决问题的方式、这种对公平、正义的维护，在学生教育过程中逐渐渗透到学生的思想里，等步入社会时，他们就是优秀的市民。

这虽然只是授课内容的注脚，但我颇有感受，他们的这种教育，不是单纯的说教，不是自上而下的贯彻，而是自然而然的一种需求和维护，社会的运作说到底是人的作用，对人的教化在现在相对自由的选择中似乎更应遵循一种自然而然而非强加强迫，美国的这种价值观教育更能体现润物细无声，美国的民主、自由也确非是铺天盖地的口号喊出来的，它体现在方方面面，角角落落，是实现民主社会的根基！

美国语言项目教授 Doctor Lorrie Winter 给我们进行了美国文化概览(overview of American culture)的培训。有着意大利血统的美国教授很幽默，也很照顾我们这些国际学生，讲课语速很慢，说话简洁、有条理，虽然有中文翻译，可我喜欢听她说英语。她从美国历史的角度，给我们梳理了美国文化形成的历史渊源；她从自身经历中，给我们提炼美国文化的特征；她以典故案例为导引，启发我们理解和思考美国的文化，我觉得这种文化的背后，更多地渗透着美国精神。以此为契机，重新整理一下对美国精神的认识，也算是我对培训课程的一种复习和思考。

拓荒精神。230多年前并没有美国这样一个国家，是追求自由的一批批拓荒者开拓了广阔的疆土，当然还有当地印第安人的贡献。从东到西的拓荒，使太平洋东的大片土地上有了人类坚定的足迹，这些缔造美国的始作者，经受着孤独、劫难，忍受着饥饿病痛，一步步踏出了生存的空间，人们生活着，思考着，开拓着，逐步形成了一种新的文明，丰富着人类的文化遗产。没有这种拓荒精神，就不会有美国的产生，所以我将这种精神归结为美国的最初精神。

自立(个人)精神。美国最早的拓荒者没有依赖，困苦的生存环境只能靠自己，他们必须使自己变得越来越强大(stronger and stronger)，否则就无法生存下去，他们必须学会自我保护。现代美国人更强调自我、崇尚个人，我想这和其祖先在拓荒过程中形成的自立自强的精神

在美国的太平洋岸边

是一脉相承的。

发明（创新）精神。困苦的环境并没有压垮开拓者，他们总是在困苦中找寻新的解决问题的方法。轻薄的布料不能满足拓荒的劳动要求，他们就发明结实、耐用的纤维；当我们今天享受牛仔衣的休闲时，不应该忘记美国"西部牛仔"的聪明才智；当我们享受电灯的便利时，应该想起因愚蠢被老师"遣送"回家的爱迪生；当我们乘坐飞机环游世界时，更应怀念莱特兄弟的梦想。太多的感怀在历史的记忆中，是人编写了历史，更是人创造了历史。

自由精神。自由女神似乎已然成为美国的象征，多少太平洋外的居民向往女神的呵护，他们或奋争着获得绿卡，或藏匿在油罐船的甲板下来到这个移民大"熔炉"里，他们想把自己"熔"化，不仅仅是因为这里的财富，不仅仅留恋于加州的温暖宜人，他们向往的是平等机遇的垂爱，渴望的是文化交融的自由，也许，这里没有完全消除曾有的种族歧视带给人们的伤害，同时还存在着中产阶级的欲壑难填和盲目攀比，但这里确实给予了各种文化充分的自由——人类终极追求的价值里应该包括的内容。

"I Can Do"精神。"Instead of wandering in pain, it is better to walk in joy"（与其痛苦地徘徊，不如快乐地行进），这是美国精神的生动写照，这里表达的是一种精神，更是一种处世的态度，态度在某种程度上决定着一切，美国为什么能经过短短二百多年的发展从拓荒时代走向繁荣发达，就在于这种不服输的精神、这种任何事难不倒的品格。在公正的时间面前，我们每个民族、每个人都要走下去，何不学习一下这种坚韧、宽容、不弃的精神呢？

在富乐敦大学校门前留影

爱国主义。爱国主义是多么大的一个概念，如果问你爱国吗，你的回答一定是肯定的，你的爱在何处，在心里，似乎爱国主义在我们国家教育得很成功，因为每个人都说是爱国的。但是心里的这种爱如何表白和量化，或许是个长久的难题。在美国学习期间，我们经过了一些村镇，美国的人家没有院墙，但都很简约、整洁，更有很多户家庭的门上、窗上、房上插着、挂着、飘着星条旗，我想那是普通百姓爱国情感的真实表达："这里是美国的一个家庭，我们深深爱着我的祖国"，这种爱铭刻在人们心里！

加州教育

我们在参观的第一所学校——Kattella High School，看到了很多让我们新奇的东西，比如平易近人的校长、魁梧少言的助理校长、井井有条的行政办公楼、全体学生跑班上课的课间场景、设施齐全的偌大的体育场馆、注重实际技能的手工课程、五花八门的学生穿戴、五颜六色各具风格的教室，太多的不一样。来美国学习前对美国教学有一些认识，但没有这种真切的感性认识。人类的认识发展是需要从感性到理性的，感谢给我们创造这种学习机会的领导和老师，让我们不远万里来此感悟；感谢富乐敦州立大学继教学院的培训项目，让我们能深入到和我们同处一个层次的中学参观学习。我将用眼睛去扫描，用思维去感悟，用思考去探求！

在我们参观的过程中，很幸运地，我们有机会走进教室去听他们的常态课，当助理校长帮我们推开门，学生们很兴奋，当看到我们十几个老师鱼贯而入，更是惊奇万分。从他们的眼神和表情中，可以看到十几岁孩子的纯真和好奇，有的孩子还友好地向我们挥手，这种表现全世界孩子应该都差不多的。他们这里和我们中国最大的不同可能在于教室的布置以及教室和教师的关系。在中国，学校老师的办公室基本上都在独立于学生教室的某个空间，或以教研组为单位，或以年级为单位，很少有老师的办公室在某个教室里。教室对于教师而言可能仅仅是传道授业解惑的场所，教师除了上课体现个性之外，不会在教室留下太多的个性印迹，而美国教室与其说是学生上课的地方，不如说是老师的极具个性、学科特色的办公室，在这里，学生走班上课，而老师却可驻守教室。教室里陈列着老师认为对学生学习有用的地图、手抄报、书籍等，四面墙上张贴着满满的、各式各样的资料，走进去，和我们国家中学教室的干净、利落的感觉不同，每间教室给予我们的是多彩的多样的信息冲击力。这是每位教师用自己不同的环境、不同的方式向学生传授知识的地方，它更是教师的办公的"家"，虽然每位教师的张贴、陈设的资料不同，但在黑板上方，都插着一面美国国旗，在这样小小细节上，我们可以读出每位美国人的爱国情愫！

在尼克松博物馆

很难说中美教室的布置和作用哪个更好。但美国的这种做法，可能更能使教师有时间、有深度地去研究自己所教的这一部分内容，但长期教授这一部分内容的老师，可能会对其他知识研究不够，导致知识在整个学生发展、在学生知识体系建立过程中，不能更好地发挥作用。中国的很多学校教师，都要随着学生升级而改变授课内容，更多的情况是，老师在有限的时间里疲于追赶授课要求，而没有太多时间和精力去深入透彻地研究所授内容的知识深度和更有效的授课方法，尤其对于新教师，更是如此，等回过头进行下一轮讲授时，又有很多要变更的东西，但优点是教师在较短的时间内能够通识所有的教学内容，并能在适合的地方融会贯通，有高年级的知识积淀和理解，在低年级讲授知识时更有深度和效度。中美文化有不同，也有很多相通，我们在各自可行的范围内，可以相互借鉴，我们在教师授课安排上可以让教师在一个年级或一门课讲授时多连续几年，使其有对此的连续、深入、有效的思考，如此循环往复，会有更多的收获，下学年我将先在我们教研组做个试点，希望能取得成效！

● 给家长帮助，让孩子成功

家长是孩子的第一任老师，但是这第一任老师如何当，在我们国家很少给予培训。在大城市，有医院孕期检查时提供的有限的孕期讲座，有社区医院医生告知的一些粗浅的育儿知识，能读书的家长可能会买来育儿书籍翻看，从中获取一些育儿经验和育儿理念，但对于为人父母的专业培训几乎是零。中国的计划生育政策，让很多家庭只能有一个孩子，因此很多人认为教育孩子不能失败，望子成龙、望女成凤的真挚期望和育儿经验的严重缺乏，形成了强烈的反差。而与此同时，有许多投身于育儿研究的机构和学者，他们很想将自己的研究成果告诉每一位为人父母者。如何在这两类群体之间架起一座便捷的桥梁，是我们应该努力探寻的事情。在美国发展了一百多年的家长教师联合会(PTA)就是这样一个组织，她促进家长真正参与到孩子的成长和教育中来，与学校形成教育合力，让学生成功！

美国洛杉矶时间 2011 年 1 月 11 日上午，曾任美国家长教师联合会和加州家长教师协会主席的 Jan Domene 女士，给我们讲了美国家庭教师联合会的情况，使我们反思在教育过程中，我们是否真正重视了家长的作用？是否为家长参与学生的成长和发展创造了便捷的途径？

Jan 说，研究表明只要家长参与到孩子的教育中来，孩子会表现更好。家长不仅在孩子学前教育中发挥着重要作用，在孩子的整个教育过程中都应该参与进来。当然要想让家长参与进来，首先要让家长明白他们应该加入进来，让家长感到自己的价值，让他们感到学校和孩子真正欢迎他们，因此专门的机构——家长教师联合会就充当了鼓励和保证家长参与到孩子教育中来的角色。它保证了不管种族、财富程度、受教育程度等情况如何，只要是父母都可以参与到孩子教育中来，并以法案的形式保证家长有权督促学校对孩子的教育，并形成了六原则，如学校要创造友好的氛围欢迎家长参与学校教育、学校要建立与家长的多样并有效的沟通、学校要与家长分享孩子在学校的表现包括成功、学校要让家长知道学校的要求、学校要保证家长参与决策的权利、学校要加强和社区的合作等要求，都是为家长参与学校教育提供保障，使家长在孩子成长的过程中真正发挥作用。除此之外，家长教师联合会还会寻找途径给予家长、教师专业的有效的教育咨询，如邀请研究人员做讲座，家长、教师共同探讨教育问题，家长之间的经验分享等。

这些都为我们提供了保障家长参与学校教育的参考。

我的思考：

（1）学校建立各班博客，各班负责完善，博客可以各具特色，但必须设置一个家长获取班级建设和学生成长信息的专区。

（2）各班不定时召开家长会或建立网上联系群，让家长相互交流，并与班主任和任课老师交流。

（3）组织班级学生做班级成长简报，自己设计、自己编写、自己印刷、自己宣传，展示班级风采，让家长知道班级发展。

（4）初一和高一年级家长会，向家长详细介绍学校情况，尤其是办学目标和任课老师情况，让家长对学校有细致的了解。

（5）给予家长有效的教育方法指导和咨询机会。

最终的目的是让学校和家长形成合力，学校不断努力做好学校教育，保证家长了解孩子在学校的表现，给予家长有效的指导，形成家、校合力，共同培养孩子！

● 把工作做到实处

美国之行，我们也到加州橙县教育局参观，在接待处，我们就被映入眼帘的五张优秀教师的照片所吸引，我想那肯定是对教育特别热爱、特有心得的老师的照片，而教育局把他们的照片挂在这么显眼的位置，是告诉我们教育局对教师的培训是成功的！果不其然，接下来的

在斯坦福大学校名前留影

情况介绍肯定了我的想法。和我们国家教育局主要是管理机构不同，他们的主要任务是为教师、学校行政工作人员、校长，甚至企事业单位提供培训的地方。他们培训的项目（programs）很多，培训的方法很灵活，给我印象最深的是他们确实把培训做到了实处。在介绍完大致的情况之后，教育局的负责人 Stephanie Schneider 博士和助手带我们去培训课堂参观，我们进入到未来校长培训项目的现场，也就是给予想做校长的教师的培训，在门口我们就看到了一对一的培训，一个受训者和一个培训者坐在一台电脑前，不断地谈论和交流，时而微笑，时而严肃，但可明显感到他们在深入地交流。项目负责人简单介绍完情况，我们进入到培训教室，我们可以附耳倾听他们的交谈，他们正讨论昨天受训者的表现，针对问题，今天再给予专业的指导，特别有效，特别实在。这种实在，我觉得主要表现为三点：一是，评价的标准特别细致，包括受训者演讲的内容，演讲时的表情、姿态，处理问题的能力、效果等，把一个校长可能影响到其工作效度的所有方面都包括了，因此是实实在在从方方面面给予受训者帮助；二是，"诊断型"培训，针对受训者录像中存在的问题，培训者给受训者切实的指导，一个人的提高总是要建立在解决存在的问题的基础上；三是，培训者和受训者一对一的交流，如前所述，在整个培训过程中，培训总是一对一地进行，而且在不同环节受训者会接受不同培训者的诊断和帮助，这样使每一个受训者从多个培训者那里获得帮助而更快提高。美国教育的目标特别明确，他们往往会在讲授最初告诉我们这次学习的目的是什么，他们还特别重视评估，重视效果和效度，这表现在他们对当地教师的培训项目中，也表现在对我们的培训中，这是一种实在，一种深入到生活的方方面面、深入到骨子里的实在精神！

● 从两所学校对比看美国教育的不平衡

我们参观了加利福尼亚州橙县最小的公立学校，也是在加州排名保持在前 5％并获得蓝带学校这一最高殊荣的学校——Lagnua Beach High School，可以说是这个地区的示范高中校，从学校设施、学生基础都具有明显的优势，和我们之前参观的 Kattella High School 形成了较鲜明的对比。美国是比较宣扬她的民主、公平、平等等理念的，但在实地的参观过程中，我们也能看到美国教育发展中的不均衡。

（1）教育资金的不均衡。

Lagnua Beach High School 学校教育资金充足，除了州政府拨给公立学校的教育经费，当地房地产市场很繁荣，学校 30％的资金来自地产税的资助，当然该学校还得到各类基金会的经费支持，大概每年可募到 40 万美元，图书馆的电脑等现代设施，好多都是基金会赞助的，因此校长说和其他学校不同的是，他们学校的教育资金很充足。Kattella High School 学校则依赖州政府拨款，好多设施较简陋，有些办公楼和教室是家庭教师联合会捐助的，但运行仍然捉襟见肘，很渴望继续得到捐助。

（2）学生发展不均衡。

Lagnua Beach High School 学校学生来源较好，大多学生英语基础较好，毕业后 90％都能直接上大学，大学课程在这里也不是必须选修，但鼓励学生都选，可见其学生层次还是比较高的。而 Kattella High School 学校大多是拉丁裔的学生，其母语不是英语，因此对他们来说英语学习是基本要求，AP（Advanced Placement）课程（AP 课程是学生在高中时读的高中以外的课程，一般都跟大学有关联。如果读了这个课程的单科项目并通过了单科的 AP 考试，则这个学分可以转到大学里，而多数大学都会认可，这样学生在大学里就不用修这门课了）只对程度相对较好的学生开设，所以学生的发展是受这种客观现状约束的。

（3）教育设施的不均衡。

Lagnua Beach High School 学校有很好的硬件设施，包括图书馆里可以容纳三个班同时上课的电脑设备、教室里先进的多媒体设施、偌大的篮球馆和体育场。Kattella High School 学校图书馆也有电脑，但好像不是最新的，数量也较少，教室里多数老师用幻灯，把教案投在投影幕布上，效果并不好，我们看起来尚且费劲，更不用说正处在发育阶段的孩子了。

● 顶尖名校（Top school）的顶尖（top）风格

很有幸，我们曾到加州排名前三、全美排名前五的 Oxford Academy School 参观学习，刚到校门就看到了着装整齐的学校接待人员，很职业。从她热情的寒暄中，我们就能体会到她的敬业，接下来，她带我们见校长和学校相关领导，校长向我们介绍每一个到场的领导，简短而有效，我们很快了解到了学校的领导团队。之后我们到一个小活动室，学校早已为我们参观学习的老师准备好了该学校情况介绍的杂志，装订很精美，内容很全面，好像是给新来校的学生和家长的咨询用的，对于我们而言也是了解学校情况的很好途径。随后，我们每个老师拿到一份行程，很明确告诉我们上午这两个小时我们的参观学习内容，我们不同学科的老师最想了解的是本学科的课堂现场，他们很用心地分了四个小组，每小组由该学校领导团队成员带领我们相关学科的 4~5 位教师，分别走进不同课堂去感受不同课堂的精彩，如我们

参观中学校园

到了一个 AP 文学课堂，一位穿正装的学生模仿老师站在讲台上，启发同学们解读一首诗，当然台下也坐着他所在的小组的其他成员，他和小组成员事先研读过这首诗，这堂课是在他的主持下深入地探讨该诗的寓意，所有同学都可参与谈论，学生一个接着一个表述自己的观点，很自觉，也很自然，想必他们不是在作秀，是一种常态。从这里，我又一次体会到美国学生自觉自发谈论问题的习惯。最后，学校出其不意地给我们准备了别开生面的谈论会，学校方面参与该活动的有：学区管理人员、学校管理团队成员、学校老师，还有三位会说中文的学生领袖，真是邀请了方方面面的人员。可见，学校的工作何其严谨、周到，谈论涉及学生体会的中美差异，学校教师的业务交流，美国历史的内容范畴，课堂活动的设置，作文如何布置、批改、反馈，启发式教学的成熟经验和新的尝试等问题，谈论热烈而有效，给我印象特别深的是他们并没有以全美前五自居，而是特别谦和地问我们中国的一些情况，这也是一种学习的态度，很似中国的传统美德，我想在探索求知的道路上，我们每个群体，都不约而同地朝着一个方面努力，都自然而然地遵循着一种价值观。地球是一个村，有你，有我，她……

Top school 的 top 风格：

- 做事条理、细致、周到。
- 准备充分。
- 态度谦和。
- 讲求实效。

当今的时代是全球化迅猛发展的时代，我们在交流中相互借鉴。不管中国教育还是美国教育，都在不断发展，探索适合各自国情的教育方法是我们的任务；寻找更符合学生发展、社会发展的教育规律，发挥教育的普世价值，是中美乃至全世界教育工作者的共同使命。我们行进在路上！

附录　北京师大附中教师海外学习工作概览

序号	姓名	学科	出访国家	出访时间	进修方式
1	王京华	英语	美国	1984.12—1985.8	工作学习
2	霍玉良	英语	美国	1986.7—1987.6	工作学习
3	卢文敬	英语	美国	1990.8—1991.6	工作学习
4	刘沪	教育管理	美国	1992.2—1993.2	访问学者
5	周丽敏	英语	美国	1992.8—1993.7	工作学习
6	邓虹	语文	新加坡	1994.12—1997.2	中文教学
7	王德清	英语	美国	1996.8—1997.6	工作学习
8	白士娟	体育	匈牙利	1996.9—1997.8	访问学者
9	李和平	计算机	日本	1997.6—1997.10	研修
10	韩英英	地理	日本	1998.4—1999.4	研修
11	刘沪	教育管理	日本	1998.6—1998.7	研修
12	卓婧	生物	波兰	1999.10—2000.10	访问学者
13	张建华	语文	菲律宾	1999.7—2000.4	华文督导
14	梁原草	语文	新加坡	2000.1—2004.2	中文教学
15	杨文清	物理	日本	2000.6—2001.2	研修
16	戴凤春	语文	菲律宾	2000.7—2001.4	华文督导
17	刘莉娟	化学	日本	2001.6—2002.2	研修
18	井志祺	语文	菲律宾	2001.7—2002.4	华文督导
19	余世健	英语	美国	2001.8—2002.6	汉语教学
20	周亚	英语	英国	2001.9—2002.7	汉语教学
21	王江波	数学	日本	2002.6—2003.2	研修
22	关群	语文	菲律宾	2002.7—2003.4	华文督导
23	赵凤琴	英语	英国	2002.9—2003.7	汉语教学
24	况莉	生物	日本	2004.10—2006.3	留学

续表

序号	姓名	学科	出访国家	出访时间	进修方式
25	张永涛	对外汉语	韩国	2005.1—2006.2	汉语教学
26	许建勇	语文	新加坡	2005.9—2006.7	留学
27	任 莹	英语	英国	2005.9—2006.7	汉语教学
28	徐 兰	日语	日本	2006.10—2006.11	研修
29	刘蔚岚	英语	澳大利亚	2006.2—2007.3	留学
30	刘晓红	英语	澳大利亚	2006.7—2007.7	留学
31	周 莉	英语	美国	2006.8—2006.12	汉语教学
32	张媛媛	英语	英国	2006.9—2007.7	汉语教学
33	刘美玲	语文	美国	2007.7—2008.7	中文教学
34	李学珍	英语	美国	2007.8——2008.6	汉语教学
35	徐志娟	英语	英国	2007.9—2008.7	汉语教学
36	邓懿姝	英语	英国	2008.9—2009.7	汉语教学
37	张 洋	语文	美国	2008.9—2009.7	中文教学
38	包秀珍	语文	德国	2009.10—2010.7	汉语教学
39	王薇薇	英语	英国	2009.7—2010.7	留学
40	郑 媛	语文	美国	2009.8—2010.9	中文教学
41	董长华	英语	英国	2009.9—2010.7	汉语教学
42	李 梦	对外汉语	德国	2010.10—2011.7	汉语教学
43	赵慧秀	语文	美国	2010.8—2011.7	中文教学
44	朱燕燕	英语	英国	2010.9—2011.7	汉语教学
45	周 亚	英语	美国	2011.1—2011.1	研修
46	胡 莹	政治	美国	2011.1—2011.1	研修
47	李 璐	语文	美国	2011.9—2012.7	中文教学
48	郑 真	英语	英国	2011.9—2012.7	汉语教学
49	李 莉	历史	德国	2011.10—2012.7	汉语教学